BESCHISSATLAS

UTE SCHEUB | YVONNE KUSCHEL

BESCHISSATLAS

ZAHLEN UND FAKTEN ZU UNGERECHTIGKEITEN
IN WIRTSCHAFT, GESELLSCHAFT UND UMWELT

LUDWIG

Folgenden Personen möchten wir für ihre Hilfe und Unterstützung herzlich danken:

Uwe Heldt, Ulrike Herrmann, Annette Jensen, Andrea Kunstmann, Anton Kuschel, Karin Nungeßer, Haiko Pieplow, Paul Pascal Scheub

FSC
www.fsc.org
MIX
Papier aus verantwortungsvollen Quellen
FSC® C012425

Verlagsgruppe Random House FSC-DEU-0100
Das für dieses Buch verwendete FSC®-zertifizierte Papier Fly von Schleipen liefert Papier Union.

2. Auflage

http://www.ludwig-verlag.de

Texte und Recherche: Ute Scheub, Berlin
Bilder / Gestaltung: Yvonne Kuschel, Leipzig
Typografie: Hans-Jörg Pochmann, Leipzig
Umschlag: Yvonne Kuschel / Hans-Jörg Pochmann
Lektorat: Karin Nungeßer, Berlin

Druck und Bindung: Offizin Andersen Nexö Leipzig GmbH
Printed in Germany 2012

ISBN: 978-3-453-28037-3

INHALT

VORWORT

Staatsschulden von weltweit fast 50 Billionen Dollar? Beinahe 12 Billionen Dollar, die in Steueroasen parken? Und wie viele Milliarden oder Billionen umfasst noch mal der Euro-Rettungsschirm? Im Zeichen der Finanz- und Eurokrise fliegen einem Millionen, Milliarden und Billionen nur so um die Ohren – und werden dabei immer abstrakter und unvorstellbarer. Fatalerweise werden wir währenddessen immer gleichgültiger gegenüber diesen Summen.

Sagen Sie mal »eins, zwei, drei«. Wenn Sie in diesem Tempo bis zu 1 Million zählen, sind Sie 11,5 Tage lang beschäftigt – ohne zu essen, zu trinken oder zu schlafen. Um bis zu 1 Milliarde zu kommen, müssen Sie 32 schlaflose Jahre lang ununterbrochen zählen. Für 1 Billion benötigen Sie 32 000 Jahre – ebenfalls unvorstellbar.

Menschen können sich eigentlich nur Zahlen vorstellen, die in ihrem Alltag vorkommen – also zum Beispiel den Preis ihres Hauses. »Wir Menschen sind einfach nicht dafür gemacht, uns solche großen Zahlen vorstellen zu können, das ist weder in unseren Genen angelegt, noch haben wir das durch die Evolution gelernt«, sagt der Mathematiker Albrecht Beutelspacher. Und er setzt warnend hinzu: »Wir Menschen sind auch nicht dafür gemacht, mit 100 oder 150 Stundenkilometern zu fahren, deswegen brauchen wir sichere Autos mit Bremsen (...) Und so müsste man es mit den Zahlen auch machen. Dass hier sozusagen per Mausklick irgendwelche Leute Milliarden oder noch mehr verschieben können und damit Volkswirtschaften gefährden – das geht meines Erachtens nicht. Das ist so gefährlich wie ein Atomtransport oder eine Rakete.«[a] Man kann nur hoffen, dass der Kasinokapitalismus sich genauso höflich und anständig verabschiedet, wie es der real existierende Sozialismus getan hat – er war ja so nett, sich weitgehend ohne Gewalt zu verabschieden und einfach zusammenzubrechen.

In diesem Buch versuchen wir Zahlen und komplexe Zusammenhänge sinnlich erfassbar darzustellen. Nicht mit den üblichen statistischen Säulen und Tortendiagrammen, sondern mit Illustrationen. Sie sollen deutlich machen, wie wir beschissen werden von den Reichen, Mächtigen und Privilegierten dieser Welt. Sie sollen aber auch zeigen, wie wir selbst die Bescheißenden gegenüber Schwächeren oder auch der Natur sind – oftmals unfreiwillig, weil wir die Verhältnisse zu wenig durchschauen. Als Maßstab dient uns dabei gefühlte Gerechtigkeit. Was Gerechtigkeit genau ist und wie groß Unterschiede zwischen Menschen sein dürfen, darüber haben kluge Menschen ganze Bibliotheken voll geschrieben; es wäre vermessen, das auch nur ansatzweise referieren zu wollen. Experimente der Spieltheorie zeigen indes, dass Menschen ein intuitives Gefühl für Fairness und gerechtes Teilen besitzen. Wer in Spielen nur nimmt und kaum gibt, wird als unfair angesehen, wer sich Privilegien auf Kosten anderer aneignet, ebenso. Wir haben uns bei der Auswahl der Buchinhalte an diesem intuitiven Gerechtigkeitssinn orientiert und glauben, dass wir damit richtigliegen. Die Weltwirtschaft gleicht gegenwärtig einer irrwitzigen Umverteilungsmaschine von den Armen zu den Reichen. Das einzige Gegenmittel heißt: Rückkehr zur Idee der Gleichheit.

Es folgt eine WARNUNG. Trauen Sie keiner Zahl, hinterfragen Sie jede! Bei der Auswahl und Überprüfung der Fakten und Daten in diesem Buch haben wir uns viel Mühe gegeben. Aber auch wir können Fehler gemacht haben. Und, noch entscheidender: Was wir nicht überprüfen konnten, sind die Methoden, wie die hier zitierten Zahlenverhältnisse, Umfragen, Messungen und Rankings zustande gekommen sind. Wissenschaftler verrechnen sich, Forscherinnen vergleichen Äpfel mit Glühbirnen und Zwergzwetschgen, Auftraggeber veröffentlichen nur ideologisch erwünschte Ergebnisse, Umfragen ergeben je nach Fragestellung sehr unterschiedliche Resultate, Messungen basieren auf falschen Maßstäben und Vorannahmen. Beispiel internationale Rankings für Universitäten: Die für Studierende so wichtige Lehre wird oftmals gar nicht bewertet, sondern nur die Forschungsleistungen. Die Ranking-Ermittler errechnen diese über bibliometrische Datenbanken, indem sie die Menge englischer Veröffentlichungen von Angehörigen der jeweiligen Unis in naturwissenschaftlichen Fachzeitschriften messen. Das sagt über die Qualität einer Hochschule nicht viel aus – und verzerrt das Ergebnis zudem zugunsten von Naturwissenschaften und englischsprachigen Universitäten.[b] »Traue keiner Statistik, die du nicht selbst gefälscht hast«, soll Winston Churchill einmal gesagt haben. Der Satz fasst das berechtigte Misstrauen gegenüber Zahlen aufs Schönste zusammen – und ist doch wahrscheinlich selbst gefälscht. Bisher hat niemand das Zitat in Churchills Werken gefunden.

Wenn wir Gäste beherbergen, wünschen wir uns, dass sie Räume, Toilette und Badezimmer so hinterlassen, wie sie sie vorgefunden haben. Die Welt in einem ebenso guten Zustand zu hinterlassen, wie wir sie vorgefunden haben, das ist eine – zugegebenermaßen verkürzte – Definition des leider sehr verbrauchten Wortes »Nachhaltigkeit«. Weil inzwischen auch ein Konzern wie die Lufthansa sich als nachhaltig darstellt, indem er Kranichschutzstationen unterstützt, während er gleichzeitig das Klima durch Abgase und Treibhausgase lustig weiterverpestet, ist das Wort eigentlich nicht mehr zu gebrauchen. Wir benutzen deshalb lieber »Zukunftsfähigkeit« oder »Enkeltauglichkeit«. Alles, was unseren Enkeln die Welt genauso gut hinterlässt, wie wir sie vorgefunden haben, finden wir gut. Alles, was Natur, Wirtschaft und Gesellschaft auf kurze oder längere Sicht zerstört, finden wir schlecht – und an diesen Kriterien haben wir uns bei der Zusammenstellung des »Beschissatlas« orientiert.

Aber was heißt das angesichts von 7 Milliarden Erdbewohnern? Auch das ist eine Zahl, die wir uns nur schwer vorstellen können. Wir haben deshalb die Verhältnisse auf der Welt auf ein Dorf mit 100 Menschen heruntergerechnet, um sie anschaulich zu machen. Hilfreich war dabei das Buch »Unser kleines Dorf« dreier österreichischer Autoren, die das schon vor uns getan haben. Die folgenden Zahlen stammen entweder aus diesem Buch oder wurden mit Material aus dem Internet aktualisiert.[c]

Das »Dorf Welt« mit seinen 100 Menschen sieht folgendermaßen aus:

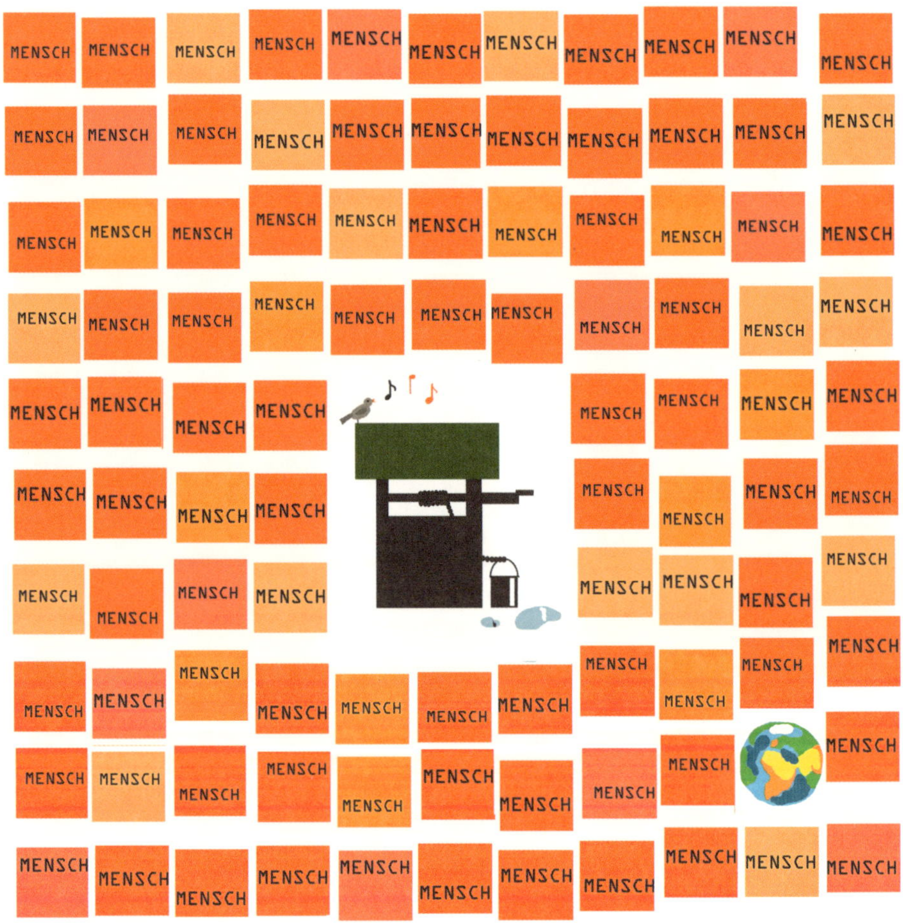

61 Asiaten, **15** Afrikaner, **11** Europäer, **13** Amerikaner, **0** Ozeanier leben darin.

27 Menschen sind Kinder unter **15** Jahren. **65** Personen sind Jugendliche und Erwachsene zwischen **15** und **64** Jahren. **8** Menschen sind **64** und älter. | **89** sind Heterosexuelle, **11** Homosexuelle.

20 sprechen chinesische Sprachen, **7** Hindi und Urdu, **7** Arabisch, **6** Englisch, **5** Spanisch, **3** Russisch, **3** Bengali, **3** Portugiesisch, **2** Japanisch, **2** Deutsch. | **70** sind Nicht-Christen, **30** Christen.

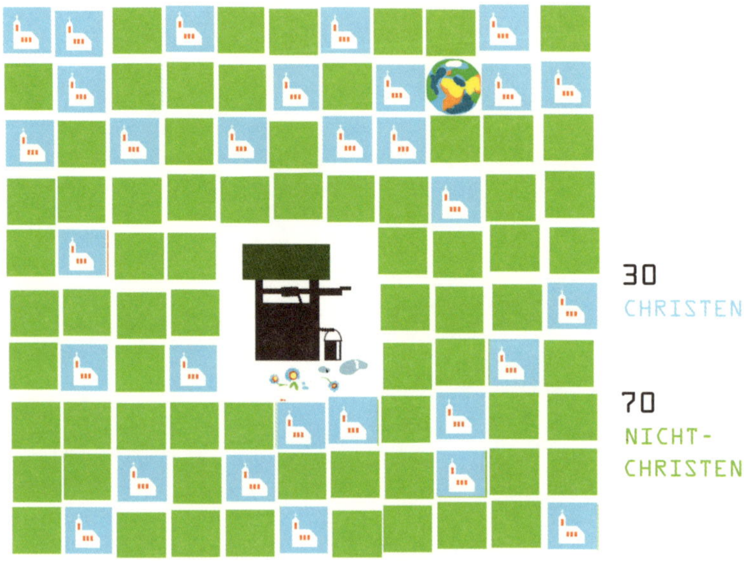

51 Menschen sind normal- und **49** fehlernährt: **21** sind zu dick, davon sind **7** fettleibig. **14** hungern, **14** sind mangelernährt. Zusammen **28** Menschen sind so unzureichend mit Vitaminen und Mineralstoffen versorgt, dass ihre Gesundheit und Intelligenzentwicklung leiden.

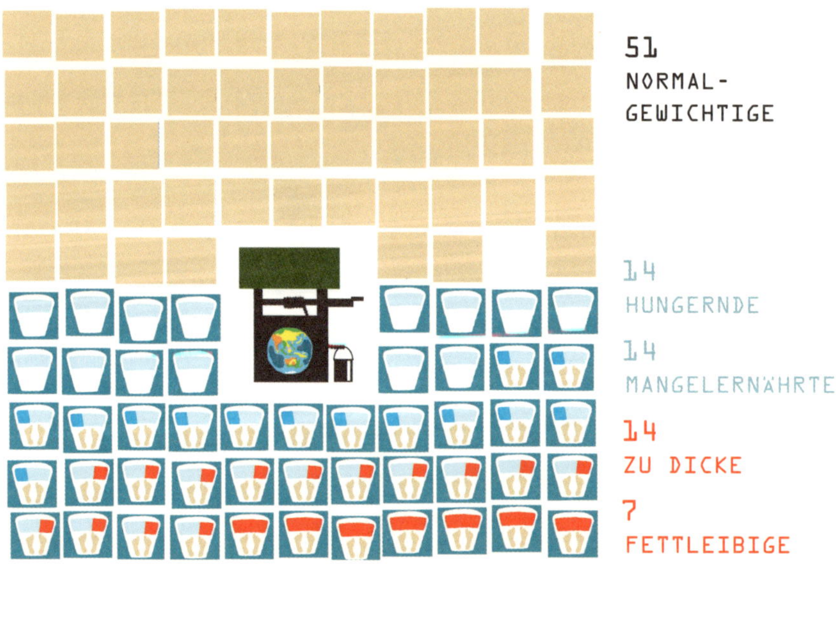

52 Personen gehen einer geregelten Erwerbsarbeit nach. Die meisten arbeiteten im Dienstleistungssektor, es folgen Landwirtschaft und Industrie. | **20** haben ein Anrecht auf öffentlich finanzierte Pensionen oder Renten, **80** sind hingegen auf die eigene Vorsorge, auf einen Familienverband oder Almosen angewiesen. | **15** bis **20** Menschen sind unterbeschäftigt, eine unbekannte Anzahl sind Working poor, zählen also zu denen, die vom Lohn ihrer Arbeit nicht leben können. **3** gelten offiziell als arbeitslos, wobei die wirkliche Zahl wesentlich höher liegen dürfte. **10** müssen regelmäßig mehr als **48** Wochenstunden arbeiten.

1 Mann besitzt **44%** des Dorfeigentums. | Zusammen mit **9** anderen Personen gehören ihm **84%** des Dorfeigentums. | **40** weitere Menschen besitzen **15%**. | Den **50** restlichen Bewohnern – mehrheitlich Frauen – gehört zusammen nur **1%** des Dorfeigentums, **44** von ihnen haben keinen Zugang zu Bankkonten. | **48** Menschen leben von weniger als **2** Dollar pro Tag.

15 wohnen in einem Slum, **20** haben keinen ausreichenden Zugang zu Trinkwasser, **45** keinen ausreichenden Zugang zu sanitären Einrichtungen. | **40** Personen sind von Gesundheitsdienstleistungen fast ausgeschlossen, **30** können im Krankheitsfall nicht damit rechnen, Medikamente zu bekommen. | **10** Menschen sind behindert, davon **8** im armen Teil des Dorfes. **16** Einwohner haben Bluthochdruck und **3** sind zuckerkrank, beides in den reicheren Teilen des Dorfes. **8** Personen leiden unter psychischen Erkrankungen, davon **3** unter Depressionen und **2** unter Alkoholabhängigkeit. **4** haben sich mit Malaria infiziert, **3** mit Tuberkulose, **2** mit Elefantiasis, **1** mit HIV/Aids (im afrikanischen Teil des Dorfes), **1** ist dement (im europäischen Teil des Dorfes).

12 sind Analphabeten , davon **8** Mädchen und Frauen. | Von **16** schulpflichtigen Kindern geht **1** Kind aus Armutsgründen gar nicht zur Schule, **4** besuchen sie nur zeitweise. | **17** der insgesamt **50** Frauen und Mädchen im Dorf sowie **4** Kinder erleiden körperliche oder sexuelle Gewalt, **2** Mädchen wurden genital verstümmelt – die Zahlen sind Schätzungen, die Dunkelziffer ist hoch.

12 Menschen aus dem nordamerikanischen und europäischen Teil des Dorfes konsumieren fast **2/3** aller im Dorf verfügbaren Güter und Ressourcen. | **14** Menschen verbrauchen fast **2/3** des Stromes, **27** Menschen haben keinen Zugang zu Strom und elektrischen Geräten, **39** Menschen beziehen ihre Energie praktisch ausschließlich aus Holz und Muskelkraft. | **56** Menschen besitzen ein Mobiltelefon, **23** einen Fernseher, etwa **20** einen Computer oder Laptop, **9** verfügen über einen eigenen Internetanschluss. | **11** Menschen fahren ein Auto. |

2 Menschen sind in gesundheitsschädlichem Ausmaß giftigen Stoffen wie Blei, Quecksilber, Cadmium, Arsen, Pestiziden und radioaktiven Substanzen ausgesetzt, die bei der Rohstoffförderung oder der Produktion von Gütern entstehen. | **11** Menschen, vor allem im nordamerikanischen Teil des Dorfes, besitzen Handfeuerwaffen.

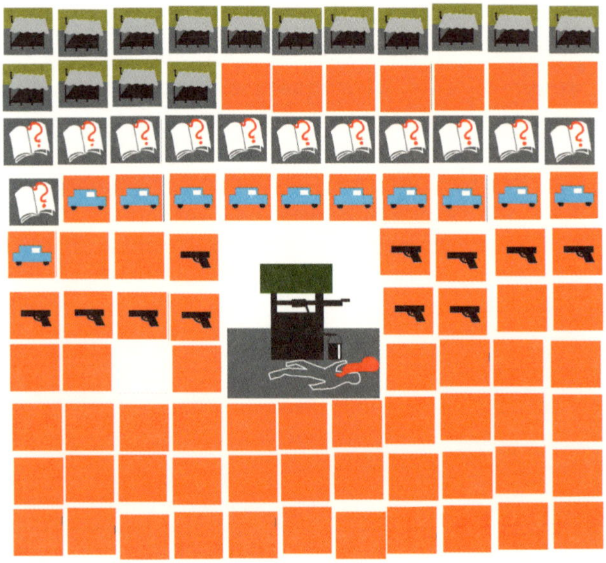

15
MENSCHEN WOHNEN IN SLUMS

12
SIND ANALPHABETEN

11
FAHREN EIN AUTO

11
BESITZEN EINE WAFFE

Wenn alle Leute im Dorf so leben würden wie diejenigen in seinem nordamerikanischen Teil, dann könnten nur **22** Personen von den begrenzten Ressourcen des Dorfes leben. Nach europäischem Lebensstandard wären es **48**, beim südasiatischen Lebensstandard **240.**

Finden Sie das alles gerecht? Wenn ja, dann haben Sie das falsche Buch gekauft.

1 ERNÄHRUNGSBESCHISS

In Industrieländern schauen wir gerne auf Landwirte und Bäuerinnen herab und bilden uns ein, dass die industrielle Wirtschaft viel wichtiger sei. Was für ein Irrtum: Ohne Lebensmittel und Trinkwasser kann kein Mensch auf diesem Planeten leben. Deshalb beginnt das Buch mit einem Kapitel über Essen und Trinken.

Bei der Ernährung werden wir massiv beschissen, etwa durch Großkonzerne, die minderwertige oder falsch deklarierte Nahrungsmittel liefern. Oder durch Spekulanten in Banken, Renten- und Indexfonds, die Preise für Grundnahrungsmittel hochtreiben. Aber wir bescheißen auch andere, indem wir ihnen die Lebensgrundlagen quasi wegessen. Brasiliens und Paraguays Wälder werden abgeholzt, um genmanipuliertes Soja anzubauen, das hier an industriell gehaltene Kühe und arme Schweine verfüttert wird, die dann unsere Wohlstandsbäuche formen. In Lateinamerika vergiftet der damit verbundene Pestizideinsatz die Böden, verursacht Krebs und Missbildungen bei Neugeborenen.

Noch nie haben so viele Menschen weltweit gehungert wie heute. Alle 5 Sekunden stirbt irgendwo ein Kind an Hunger. Ein Skandal ohnegleichen und ein deutliches Indiz für die massive Fehlentwicklung des westlichen Agrarsystems. Fast die Hälfte der Weltbevölkerung ist inzwischen fehlernährt: Diese Menschen sind entweder unterernährt oder zu dick. Die agroindustrielle Landwirtschaft, die auf Dünger, Pestiziden und Gentechnik beruht, zerstört weltweit Lebensgrundlagen von Kleinbauern und ruiniert Böden und Weltklima. Sie ist in keiner Weise zukunftsfähig, zumal das Öl, aus dem Kunstdünger hergestellt wird, irgendwann zu Ende geht. Auf dieser Basis kann man keine 9 Milliarden Menschen ernähren, die 2050 den Planeten bevölkern werden.

Weltweit wächst deshalb die Überzeugung, dass Agroindustrie und Gentechnik Sackgassen sind. Wesentlichen Anteil daran hat der Weltagrarbericht von 2008. Es ist wohl das umfassendste und kenntnisreichste Werk über die heutige globale Landwirtschaft. Mehr als 500 Fachleute aus allen Kontinenten und Wissenschaftsdisziplinen haben 4 Jahre lang daran gearbeitet. Ihre Botschaft lässt sich in einem Satz zusammenfassen: »Weiter wie bisher ist keine Option.«

Man kann Ihre Erkenntnisse aber auch positiv formulieren: Es gibt genug Nahrung für alle, die wachsende Weltbevölkerung kann ernährt werden. Aber nur, wenn überall umgesteuert wird auf eine ökologische Landwirtschaft. Vielfalt statt Einfalt. Das muss gefördert werden, und Kleinbauern müssen faire Preise erhalten. Bio, regional und fair – das ist die Zukunft.

Das Essen, das in Europa weggeworfen wird, würde reichen, um alle Hungernden auf der Erde 2-mal satt zu machen. 1/4 des weltweiten Wasserverbrauchs wird für den Anbau von Nahrung verschwendet, die letztlich im Abfall endet.[A1]

In Deutschland landen jährlich 20 Millionen Tonnen Lebensmittel auf dem Müll – etwa 250 Kilogramm pro Kopf und Jahr. Jede 2. Kartoffel und jeder 2. Kopfsalat werden bereits im Handel aussortiert, weil sie angeblich Makel haben, jedes 5. Brot bleibt unverkauft liegen. Die Brotmenge, die hierzulande auf den Müll gekippt wird, würde für ganz Niedersachsen reichen.[A2]

Viele Lebensmittel werden in Europa und Nordamerika weggeworfen, weil das Mindesthaltbarkeitsdatum auf der Verpackung überschritten ist – was wenig über deren Verzehrbarkeit aussagt. In den armen Ländern Asiens und Afrikas gehen laut einer Studie der UN-Ernährungsorganisation FAO wegen Ernte- und Logistikfehlern pro Kopf und Jahr 6–11 Kilogramm Nahrung verloren: Milch und Obst werden in der Hitze schlecht, Fleisch wird mit gefährlichen Keimen besiedelt.[A3]

Wenn wir die weggeworfene Menge der Nahrungsmittel auf die Hälfte reduzieren, könnten wir so viele Treibhausgase einsparen wie mit der Stilllegung jedes 2. Autos.[A4]

Nicht einmal die Hälfte der Bundesbürger kocht regelmäßig. 30% tun dies gelegentlich, knapp 20% nie. Kochshows im Fernsehen erreichen hingegen Top-Quoten.[A5]

Den Preis für die dreisteste Werbelüge, den »Goldenen Windbeutel«, bekam 2011 die »Milch-Schnitte« von Ferrero. Über 117 000 Verbraucher beteiligten sich an der Abstimmung über den Negativpreis, den die Organisation Foodwatch alljährlich auslobt. 43,5% stimmten für die fett- und zuckerreiche Schnitte, die als »leichte Zwischenmahlzeit« verkauft wird. Den zweiten Negativplatz belegte der »Activia«-Joghurt von Danone mit knapp 29% der Stimmen. Es folgten die »nimm2«-Bonbons (16%), »Ferdi Fuchs Mini-Würstchen« (fast 6%) und Kühnes »Schlemmertöpfchen Feine Gürkchen« (ebenfalls knapp 6%).[A6]

In rund der Hälfte aller Supermarktartikel steckt Palmöl und damit ein Stück vernichteter Tropenwald – in Margarine, Pizza, Schokolade, Eiscreme, Gummibärchen, Kosmetika, Lippenstiften, Cremes, Waschmitteln. Für Ölpalmenplantagen werden in Indonesien, Malaysia und Borneo Tropenwälder vernichtet, große Mengen Kohlendioxid freigesetzt und Menschen vertrieben. Nur ein kleiner Teil der jährlich verbrauchten 51 Millionen Tonnen Palmöl stammt aus nachhaltigem Anbau.[A7]

Den ökonomischen Wert der Bestäubungsleistung von Bienen in Deutschland schätzt die Universität Hohenheim auf rund 2,5 Milliarden Euro. 2010 ging die europäische Bienenpopulation um fast 1/3 zurück. Verantwortlich für das Bienensterben: Pestizide, chemisch behandeltes Saatgut, Monokulturen, Artensterben, Parasiten, Elektrosmog.[A8]

Wegen Überfischung durch kommerzielle Fangflotten sind die Bestände wichtiger Fischarten bereits um mehr als 90% reduziert.[A9]

Europäische Fischfangflotten schädigen mit ihren riesigen Schleppnetzen ganze Lebensräume im Meer. Zudem plündern sie vor den Küsten Westafrikas die Fanggründe kleiner einheimischer Fischer. In Nigeria gibt es bereits erste Piratentrupps aus erwerbslos gewordenen Fischern.[A10]

65% der Verbraucher achten laut einer Umfrage darauf, regionale Produkte zu kaufen, auch weil diese weniger Treibhausgase durch Transport verursachen.

Doch viele Lebensmittelkonzerne täuschen ihre Kundinnen: Von 53 untersuchten Produkten mit Regionamen wie »Unser Land«, »Ein gutes Stück Heimat« oder »Unser Norden« waren laut Öko-Test nur 14 echte Regionalprodukte.[A11]

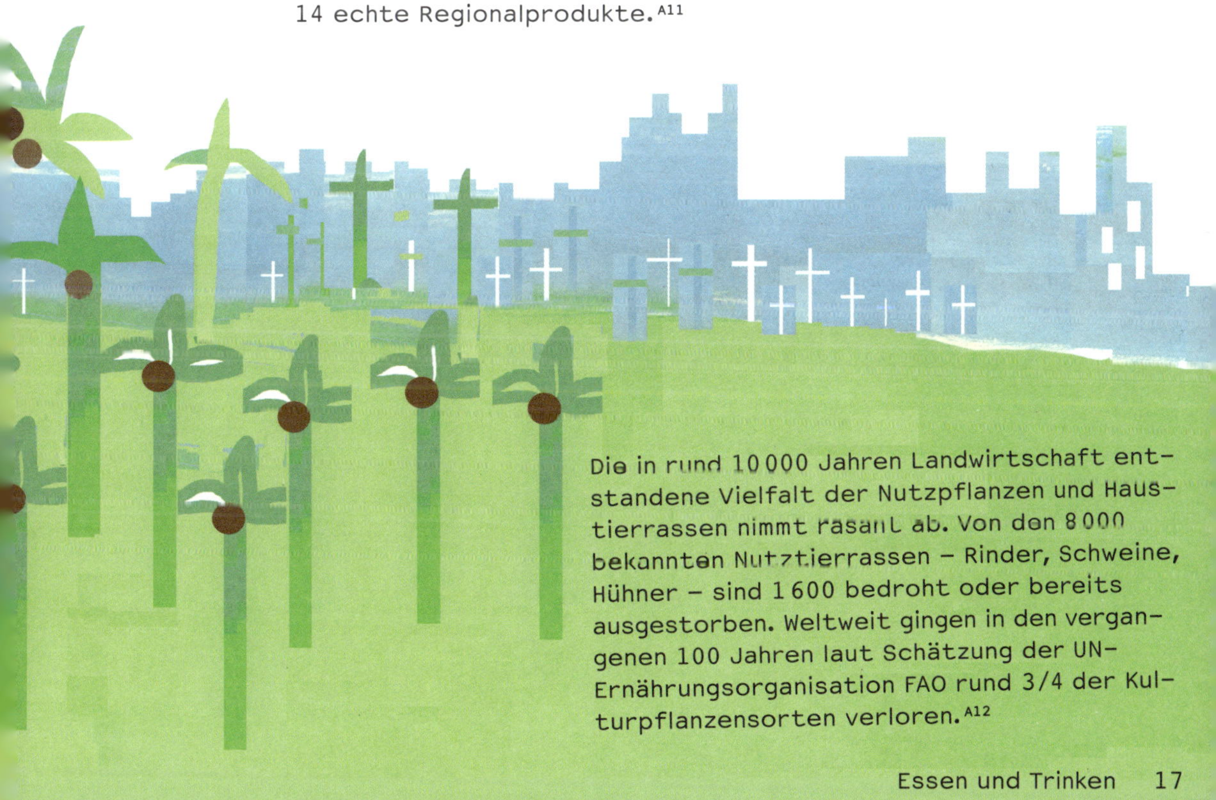

Die in rund 10000 Jahren Landwirtschaft entstandene Vielfalt der Nutzpflanzen und Haustierrassen nimmt rasant ab. Von den 8000 bekannten Nutztierrassen – Rinder, Schweine, Hühner – sind 1600 bedroht oder bereits ausgestorben. Weltweit gingen in den vergangenen 100 Jahren laut Schätzung der UN-Ernährungsorganisation FAO rund 3/4 der Kulturpflanzensorten verloren.[A12]

Für jeden Einwohner Deutschlands werden am Ende seines Lebens durchschnittlich 661 Nutztiere gestorben sein:

600 Hühner, 56 Schweine, knapp 4 Rinder, 1 Schaf und weniger als 1 Ziege.[A13]

Die Deutschen benötigen eine Fläche von der Größe Österreichs, um ihren Fleischhunger zu stillen. Jeder Bundesbürger sorgt laut einer Studie des Umweltverbandes WWF mit seinem Fleischverzehr dafür, dass auf 1 000 Quadratmetern Tierfutter angebaut wird. Für die Produktion eines Hamburgers mit Pommes und Salat werden umgerechnet etwa 3,61 Quadratmeter benötigt, für einen Schweinebraten mit Rotkohl und Kartoffelklößen 3,12 Quadratmeter. Spaghetti mit Tomatensoße brauchen hingegen nur 0,46 Quadratmeter.[A14]

Fast 50% der jungen Männer, aber nur 18% der jungen Frauen in Deutschland essen täglich Fleisch. Der WWF rät dazu, die Fleischmenge von 60 Kilogramm pro Jahr und Kopf deutlich zu reduzieren sowie konventionelles durch Biofleisch zu ersetzen.[A15]

Nur 47% der Weltgetreideproduktion dienen Menschen als Nahrung, der Rest wird als Futter genutzt, verheizt, zu Treibstoff und anderen Industrieprodukten verarbeitet. Rund 1/3 der Welternte wird an Tiere verfüttert, etwa 1/6 wird zu Agrosprit verarbeitet, also an Autos verfüttert.[A16]

2011 gab es die größte Ernte der Menschheit. Dennoch schossen die Preise in die Höhe – und mit ihnen die Zahl der Hungernden. Die Preise für Weizen, Mais und Reis lagen 2011 nach Abzug der Inflation laut einer Studie von Foodwatch um rund 150% über jenen des Jahres 2000; allein 2010 waren die Preise um etwa 1/3 in die Höhe geschnellt. Der Lebensmittelmarkt wird nicht mehr durch Angebot und Nachfrage reguliert, und die Welt, so die Welthungerhilfe, fahre »mit Vollgas in die nächste Hungerkrise«.[A17]

Eine winzige Minderheit macht weltweit Geschäfte mit der Not der riesigen Mehrheit: Spekulation ist mit- oder sogar hauptverantwortlich für den sprunghaften Anstieg der weltweiten Nahrungspreise, vor allem in den Jahren 2007/2008 und 2010/2011. Finanzunternehmen wie die Deutsche Bank, Goldman Sachs & Co oder Barclays legen sogenannte Index- und Agrofonds mit verschiedenen Rohstoff-»Futures« auf, die die Lebensmittelpreise in die Höhe treiben. Das sind Wetten auf die Preisentwicklung der gehandelten Rohstoffe ohne jeden volkswirtschaftlichen Nutzen. Die Deutsche Bank erwartete davon Renditen von 40%, so viel wie nirgendwo sonst, Barclays sogar bis zu 50%.[A18]

Die Deutsche-Bank-Tochter DWS legte eine ganze Reihe von Agrarfonds auf – in Steueroasen wie Luxemburg oder Singapur. Diese förderten Landraub, Abholzung, Gentechnik, Monokulturen und Menschenrechtsverletzungen weltweit, unter anderem in Brasilien, Argentinien, Indonesien, Kambodscha, Thailand, Gabun und der Republik Kongo.[A19]

Die Spekulation mit Lebensmitteln war hauptverantwortlich für die Hungerkatastrophe von 2011 mit rund 12 Millionen Hungernden in Ostafrika. Laut einer Weltbankstudie von 2011 verteuerten sich Nahrungsmittel wie Mais, Weizen, Zucker, Hirse oder Reis zwischen 33 und 240%. Die Kombination aus steigenden Preisen für Lebensmittel und Öl schaffe einen »Molotowcockail für Afrika«, so der Leiter der Afrikanischen Entwicklungsbank, Donald Kaberuka.[A20]

Die weltweiten Lebensmittelpreise werden sich bis etwa 2030 mehr als verdoppeln, sagt eine Studie der Entwicklungsorganisation Oxfam voraus. Der Klimawandel wird zum Beispiel den Preis für Mais auf dem Weltmarkt um 86% steigen lassen – Kostensteigerungen durch Spekulation nicht mitgerechnet.[A21]

In der Förderung kleinbäuerlicher Betriebe liegt der Schlüssel zur Lösung der Welthungerkrise, so der Weltagrarbericht. In der Praxis geschieht genau das Gegenteil: In Entwicklungsländern wurden laut einer Oxfam-Studie seit 2001 bis zu 227 Millionen Hektar Ackerland an internationale Investoren verkauft oder verpachtet – eine Fläche in der Größe Westeuropas. Unzählige Kleinbauernfamilien, unter anderem in Uganda, Indonesien, Guatemala, Honduras und Südsudan, wurden dadurch von ihrem Land verjagt und in den Hunger getrieben.[A22]

Bei 389 Landkauf- oder »Land Grabbing«-Projekten, die die Weltbank 2010 untersuchte, stammte der größte Teil der Investoren aus der Finanzindustrie. Die Mehrheit dieser Projekte diente der Produktion von Agrosprit (rund 35%). Nahrungsmittelproduktion ist sekundär.[A23]

Konventionelle Milch fließt während ihrer Produktion quasi einmal um die Erde. Ihr Weg beginnt in Paraguay oder Brasilien, wo Gensoja als Tierfutter angebaut wird. Das Soja landet in einem europäischen Hafen, oft Amsterdam, und wird zum Beispiel nach Russland an Milchbauern weiterverkauft. Großhändler bringen die Milch zu süddeutschen Großmolkereien, wo sie weiterverarbeitet wird – etwa zu Milchpulver, das dann nach Kenia oder Jamaika exportiert wird.[A24]

Fast 40% der globalen Treibhausgase werden direkt oder indirekt durch die heutige Agrar- und Lebensmittelproduktion verursacht, wenn man Verarbeitung, Transport, Verbrauch und Entsorgung miteinrechnet.[A25]

Bis das Essen auf unseren Teller gelangt, werden für jede Nahrungskalorie 4–10 Kalorien fossiler Energie verbraucht – durch Düngemittel, Pestizide, Traktorfahrten, Rohstofftransport, Verarbeitung, Vermarktung, Verteilung an den Einzelhandel, Fahrten zum Supermarkt und Kochen. Bis ein Kilogramm konventionell erzeugtes Rindfleisch die Fleischtheke erreicht, werden so viele Klimagase freigesetzt wie bei 250 Kilometern Autofahrt.[A26]

Eine Hauskatze in Deutschland verursacht pro Jahr rund 2,2 Tonnen CO_2-Ausstoß – ungefähr so viel wie ein Ägypter. Gut die Hälfte davon entsteht durch die Herstellung des Futterfleisches und dessen Verpackung, der Rest durch die Entsorgung von gebrauchter Katzenstreu und leeren Dosen. In deutschen Haushalten leben gut 8 Millionen Katzen und mehr als 5 Millionen Hunde.[A27]

Fast die Hälfte der Weltbevölkerung ist über- oder unterernährt. Etwa 1 Milliarde Menschen leidet Hunger, insgesamt rund 2 Milliarden sind mangelernährt. Ebenfalls etwa 1 Milliarde ist übergewichtig, davon rund 1/3 krankhaft fettsüchtig. Den größten Anteil von Dicken und Fettleibigen findet man im kleinen Pazifikstaat Nauru und unter US-Männern. In Europa sind tschechische Männer am dicksten, deutsche Männer stehen auf Platz 10, deutsche Frauen auf Platz 17. Die am schlimmsten unterernährten Menschen leben in Bangladesch, Indien und der Republik Kongo, wo der Hunger grassiert.[A28]

2011 gab ein Haushalt in Deutschland im Schnitt knapp **10% für Lebensmittel** aus. Arme in Entwicklungsländern müssen hingegen etwa 80% ihres Einkommens für Essen aufwenden – auch wegen der Steigerung der Lebensmittelpreise. Wenn eine deutsche Familie 3/4 ihres Einkommens für Lebensmittel hinblättern müsste, würden ein Brot nach Berechnung der Welthungerhilfe fast 30 Euro und ein Beutel Kartoffeln rund 50 Euro kosten.[A29]

In 26 Ländern ist die Ernährungssituation laut Welthungerindex 2011 sehr ernst bis gravierend. Die Länder mit dem schlimmsten Hunger liegen überwiegend in Afrika: Burundi | Republik Kongo | Eritrea und Tschad.[A30]

Alle 5 Sekunden stirbt auf der Welt ein Kind unter 10 Jahren an Hunger. Genauer gesagt an Geldmangel, denn im Prinzip gibt es genug Nahrung für alle, und die globale Landwirtschaft könnte auch 12 Milliarden Menschen ernähren.[A31]

Landwirtschaft ist der größte Beschäftigungszweig der Welt, rund 40% der Weltbevölkerung leben davon. 85% der Kleinbauern bewirtschaften weniger als 2 Hektar Land und ernähren davon mehrere Personen. Sie produzieren den größten Teil aller Nahrungsmittel und bearbeiten rund 60% der weltweiten Anbaufläche, häufig die schlechteren Böden, was sie besonders anfällig für Hunger und Unterernährung macht. Über 70% der Hungernden leben auf dem Lande als Kleinbäuerinnen, Hirten, Fischerinnen oder Landarbeiter. Mehr als 60% der Hungernden sind weiblich.[A32]

Obwohl 87% der Deutschen Gentechnik ablehnen, essen die meisten indirekt Gensoja in Form von Fleisch. 87% der Futtermittel für die europäische Massentierhaltung stammen aus Importen, vor allem aus Südamerika. Dort dehnen sich Soja-Monokulturen, davon 2/3 Gensoja, auf über 400 000 Quadratkilometern Land aus: eine Fläche so groß wie Deutschland und die Schweiz zusammen.[A33]

Roundup Ready mit dem Wirkstoff Glyphosat ist das meist eingesetzte Herbizid weltweit. In Europa und Deutschland wird es auf Schulhöfen, in Kleingärten oder an Bahngleisen versprüht. Offizielle Stellen halten es nämlich für »umweltfreundlich« und »biologisch abbaubar«.[A34]

In Indien nahmen sich Zehntausende Bauern nach Missernten von genveränderter Baumwolle das Leben – viele, indem sie Herbizide des Gentechnikkonzerns Monsanto tranken. Die Trägerin des Alternativen Nobelpreises, Vandana Shiva, schätzt die Zahl der Suizide hoch verschuldeter Bauern auf rund 250 000.[A35]

Millionen Menschen werden jährlich durch Pflanzenschutzmittel vergiftet, Hunderttausende sterben – bis zu 99% davon in armen Ländern. Verlässliche Zahlen gibt es nicht, nur Schätzungen, die aktuell bei etwa 41 Millionen schweren Vergiftungsfällen pro Jahr liegen. Besonders gefährdet sind Embryonen im Mutterleib und Kinder.[A36]

In Argentinien werden auf rund 200 000 Quadratkilometern Gensoja angepflanzt und pro Jahr etwa 200 Millionen Liter Unkrautvernichtungsmittel versprüht, an erster Stelle Roundup Ready mit dem Wirkstoff Glyphosat. Das Herbizid tötet auf den Feldern fast alles Lebendige außer Gensoja. Es bringt Zell- und Embryonalentwicklung sowie das Hormonsystem von Tieren und Menschen durcheinander. In den Anbaugebieten hat sich nach Untersuchungen des Embryologie-Professors Andrés Carrasco zwischen 2000 und 2009 die Krebsrate bei Kindern verdreifacht und die Rate der Fehlgeburten und der zum Teil monströsen Fehlbildungen bei Neugeborenen vervierfacht.[A37]

Tafelwasser und Mineralwasser aus der Plastikflasche ist zwischen 100- und 2000-mal so teuer wie ein Glas Wasser aus dem Hahn, dabei oft ungesünder und umweltschädlicher. Leitungswasser ist das bestkontrollierte Lebensmittel in Deutschland und enthält nicht selten genauso viel oder mehr Mineralien als Mineralwasser. In PET-Flaschen abgefülltes Wasser kann Spuren des krebserregenden Acetaldehyds enthalten. Flaschenwasser kann zudem mit Uran, Arsen, Bor und Mangan belastet sein. 13% der von Foodwatch getesteten Mineralwassermarken, zum Beispiel »Perrier« oder »San Pellegrino« von Nestlé, waren wegen ihrer Uranbelastung für Babys und Kleinkinder ungeeignet.[A38]

97,5% des Wassers auf der Erde ist Salzwasser. Von den restlichen 2,5% sind mehr als 2/3 in Eiskappen, Gletschern und Schnee gespeichert. Nur 0,008% allen Wassers, vor allem in Flüssen und Seen, ist für den Menschen als Trinkwasser zugänglich (ohne Staudammseen gerechnet).[A39]

Die Landwirtschaft nutzt im weltweiten Schnitt etwa 70% des verfügbaren Wasser, die Industrie rund 20%, und die privaten Haushalte verbrauchen etwa 10%. Der globale Durchschnitt beim Wasserverbrauch beträgt etwa 600 Kubikmeter pro Kopf und Jahr. In den USA liegt er laut UN-Ernährungsorganisation FAO bei rund 1 600 Kubikmetern, in Saudi-Arabien bei knapp 960, in Deutschland bei etwa 400, in der Zentralafrikanischen Republik bei 6 Kubikmetern.[A40]

Knapp 1 Milliarde Menschen hat keinen Zugang zu sauberem und sicherem Trinkwasser. Etwa 1/3 der Weltbevölkerung leidet unter Wasserknappheit, nach Angaben der UN-Umweltbehörde UNEP könnten bis 2025 2/3 der Menschheit davon betroffen sein.[A41]

Die Privatisierung von Wasser treibt die Preise hoch: In Großbritannien stiegen die Wasserpreise seitdem um durchschnittlich 46%, die privaten Betreiber entließen bis zu 2/3 der Belegschaft und vernachlässigten die Infrastruktur. In Bolivien verdoppelten sich die Preise, in Südafrika stiegen sie um 140%.[A42]

15 500 Liter Wasser
für
1 Kilogramm Rindfleisch
5 000 L
Wasser für
1 kg Käse
= 10 Liter Wasser

2 400 L
Wasser für

1 Hamburger

2 700 L
Wasser für

1 Baumwollhemd

3 900 L
Wasser für

1 kg Hühnerfleisch

1 300 L
Wasser für

1 kg Gerste

120 L für 1 L Wein

75 L für 1 L Bier

70 L für 1 Apfel

140 L für 1 Tasse Kaffee

Rechnet man das Wasser zusammen, das für die Kaffeeproduktion verbraucht wird, kommt man auf rund 140 Liter Wasserverbrauch für eine Tasse Kaffee | Pro Apfel werden etwa 70 Liter verbraucht | für 1 Liter Bier 75 Liter | für 1 Liter Wein 120 Liter | für 1 Kilogramm Gerste rund 1 300 Liter | für 1 Hamburger 2 400 Liter | für 1 Baumwollhemd 2 700 Liter | für 1 Kilogramm Käse 5 000 Liter | für 1 Kilogramm Hühnerfleisch 3 900 Liter | für 1 Kilogramm Rindfleisch etwa 15 500 Liter Wasser.[A43]

Nicht Landwirte, sondern Agrarfabriken, Konzerne, Massentierhalter und blaublütige Großgrundbesitzer wie die Queen oder der Fürst von Monaco erhalten den Löwenanteil der EU-Agrarsubventionen und -zahlungen, die fast die Hälfte des EU-Haushalts ausmachen. Am meisten bekam 2010 die HaGe Nord (19,5 Millionen Euro), es folgte der Münchner BayWa-Konzern (13,4 Millionen) und der größte deutsche Milchkonzern Nordmilch (9 Millionen). Europas größter Zuckerhersteller Südzucker erhielt 2,6 Millionen, der Energiekonzern RWE 514 000 Euro, der Chemieriese Bayer bekam für Landbesitz seiner Immobilientochter Bayer Real Estate 135 000 Euro.[A44]

Massive Subventionen der Industrieländer für ihre Agrarexporte, nach OECD-Schätzung jährlich 350 Milliarden Dollar, ruinieren die Landwirtschaft armer Länder. Europäer essen von Hühnchen vor allem Brust und Filet, der Rest wird per Kühlcontainer in Drittländer verschifft. Die EU steigerte die Ausfuhr von subventioniertem Fleisch nach Afrika 2010 um rund 44% auf 480 000 Tonnen. Ein Kilogramm EU-Geflügel kostete in Benin 1,40 Euro, lokales Fleisch aber 2,10 Euro – was die lokalen Erzeuger ruiniert.[A45]

SO KANN ES AUCH GEHEN

Eine Ökologisierung der Landwirtschaft würde zwar in Nordamerika und Europa zu einem Rückgang der Gesamtproduktion und damit der Exporte führen, aber sonst überall die Erträge steigern. Nach Berechnung der UN-Handelsorganisation UNCTAD würden sie sich möglicherweise sogar verdoppeln. Auch Deutschland könnte sich ohne Importe komplett ökologisch ernähren, wenn weniger Tierprodukte gegessen würden. [A46]

Wenn alle Amerikaner donnerstags fleischlos essen würden, ließen sich genauso viele Treibhausgase einsparen wie mit der Stilllegung von 5 Millionen Autos. [A47]

Bauern ernten in Kalorien ausgedrückt weltweit etwa 1/3 mehr, als für die ausreichende Versorgung aller Menschen nötig wäre. Nachhaltige kleinbäuerliche Landwirtschaft könnte die Welt komplett ernähren und zwischen 2 640 und 4 380 Kilokalorien pro Person und Tag liefern. Global werden durchschnittlich 2 500 Quadratmeter zur Ernährung eines Menschen benötigt: 4 800 Quadratmeter in Industrie- und 1 800 in Entwicklungsländern. Bei tropischen Öko-Polykulturen sind es sogar nur 70 Quadratmeter. [A48]

In Deutschland wurden 2011 mehr fair gehandelte Produkte gekauft als je zuvor: fast 50% mehr als 2009. Kaffee ist dabei mit einem Anteil von etwa 1/3 am Gesamtumsatz nach wie vor das wichtigste Produkt. [A49]

Weltweite Spitzenreiter bei der Biolandwirtschaft sind Österreich mit einem Anteil von mehr als 13% und die Schweiz mit 11% an der Gesamtfläche. In Deutschland liegt die Bioquote bei knapp 6%. [A50]

Je mehr Bioprodukte der Handel anbietet, desto stärker steigt die Nachfrage, so das Ergebnis der Studie eines Konsumforschungsunternehmens. Der Umsatz von Biowaren legte im ersten Halbjahr 2011 um knapp 10% auf gut 1,2 Milliarden Euro zu. Konventionelle Lebensmittel verbuchten nur ein Plus von 2%. [A51]

Rund 42 Millionen Menschen in Deutschland sind nach einer Umfrage von 2011 »Teilzeit-Vegetarier«, sie verzichten nach eigener Auskunft oft auf Fleisch. Davon sind laut Vegetarierbund rund 6 Millionen echte Vegetarier und etwa 600 000 Veganer. Tendenz: steigend. Auch Patrik Baboumian, der als stärkster Mann Deutschlands gilt und 2011 die Deutsche Strongman Meisterschaft gewann, ist Vegetarier. [A52]

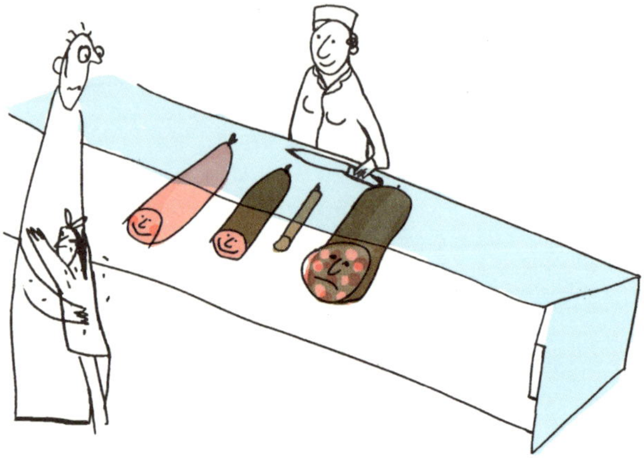

Nichtkommerzielle Saatgutbanken können die Vielfalt der Kulturpflanzen retten. Als in den 1970er-Jahren eine Viruskrankheit fast 1/4 der asiatischen Reisproduktion vernichtete, bestand die Rettung in einer resistenten wilden Reissorte aus der Saatbank des Internationalen Reisforschungszentrums auf den Philippinen.[A53]

Die uralte, neu entdeckte »Terra Preta«-Anbautechnik kann Hunger, Wüstenbildung und Klimakatastrophe gleichzeitig bekämpfen. Das in jedem Komposthaufen herstellbare Substrat aus Bioabfall, Milchsäurebakterien und Biokohle macht Böden fruchtbar, erhöht ihre Wasserspeicherfähigkeit und entzieht der Atmosphäre CO_2, indem es dieses in Form von Pflanzenkohle dauerhaft unter die Erde bringt. Nach einer Schätzung von McKinsey & Co von 2009 wäre das die billigste Möglichkeit zur Bekämpfung des Klimawandels, gleichzeitig würden die Bauern mehr und besser ernten. Nach Angaben der Wissenschaftszeitung Nature könnten die Treibhausemissionen damit innerhalb des nächsten Jahrhunderts um bis zu 130 Gigatonnen gesenkt werden. Zum Vergleich: Der Ausstoß im Jahre 2010 betrug gut 30 Gigatonnen.[A54]

Die weltweite Versorgung mit Lebensmitteln würde sich stark verbilligen und verbessern, wenn die Spekulation mit Nahrungsrohstoffen sowie die »Landnahme« riesiger Flächen zulasten von Kleinbauern verboten oder zumindest stark reguliert würden.

Da vor allem Frauen und Kinder hungern, würde die Verbesserung des rechtlichen und sozialen Status von Frauen nach Studien des International Food Policy Research Institute neben den Frauen über 15 Millionen Kindern in Südasien und Afrika aus der Unterernährung heraushelfen.[A55]

Böden speichern gigantische Mengen an CO_2. Allein in Europa sind 70 Milliarden Tonnen CO_2 in der Erde gebunden. Weltweit dämmen Dorfgemeinschaften mit Bepflanzungen, Steinwällen und anderen Methoden die Erosion ein und sorgen sogar für die Wiederergrünung von Wüstengebieten. Solche Initiativen müssten nur mehr gefördert werden, so der Weltagrarbericht.[A56]

Leitungswasser statt Mineralwasser ist billiger, gesünder und erspart der Umwelt Milliarden von Plastikflaschen. Auch in Restaurants kann man Leitungswasser bestellen.

Nachhaltig gefangener Fisch ist am blauen Siegel des Marine Stewardship Council (MSC) auf der Verpackung erkennbar.

2 ARBEITSBESCHISS

Es ist völlig verrückt: Die Produktivität der Wirtschaft ist in den letzten Jahrzehnten so ungeheuer gestiegen, dass für alle Menschen ein schönes Leben ohne Stress und Hetze möglich sein müsste. Maschinen nehmen uns den größten und unangenehmsten Teil der Arbeit ab, Strom und Energie ersetzen Muskelkraft, Fabriken spucken in kürzerer Zeit mehr Waren aus als früher. Für die Herstellung der notwendigen Güter bedarf es nur noch etwa der Hälfte der Zeit wie im Jahre 1960.

Der »Arbeitsbeschiss« liegt darin, dass sich das nicht in mehr Freizeit und Muße niederschlägt, sondern in mehr Stress für alle. Die Arbeit wird immer mehr verdichtet und die Gesellschaft immer stärker in Arbeitsplatzbesitzende und Erwerbslose gespalten – wobei es beiden psychisch und physisch schlecht geht. Viele Menschen arbeiten mehr denn je und schleppen Aufgaben auch in ihre Freizeit mit. Die Gehaltsschere zwischen Reich und Arm öffnet sich immer stärker, die Löhne und Gehälter der Mittel- oder Niedrigverdienenden sinken. Deutschland wurde – auch aufgrund des hohen Anteils von Leiharbeit – zum Billiglohnland, ein krisenfester Job zur Mangelware. Die damit verbundene Angst agieren manche dann aus, indem sie gegen Minderheiten hetzen und ihnen die Schuld für die zunehmende Unsicherheit geben.

Fast 90% der Menschen in Deutschland und Österreich fordern inzwischen eine andere Wirtschaftsordnung. Wenn wir die Arbeitszeit gerecht auf alle Erwerbsfähigen verteilen würden, zum Beispiel mit einer 30-Stunden-Woche, hätten alle ihr Auskommen, psychische und physische Krankheiten würden stark abnehmen. Eine bessere Balance zwischen Beruf und Familie und mehr bürgerschaftliches Engagement wären möglich, die Zufriedenheit der allermeisten würde steigen.

Manche wollen nicht so lange warten und schaffen ihre Arbeitsplätze selbst: in gemeinwohlorientierten Betrieben, Genossenschaften und anderen Formen der solidarischen Ökonomie. Andere Länder machen vor, wo es langgehen könnte: In Brasilien etwa ist ein Staatsminister für die Förderung und Vernetzung dieser Betriebe zuständig, und an der Universität gilt Solidarische Ökonomie bereits als Fachgebiet.[81]

1 von 7 Bundesbürgern lebt laut Wirtschaftsinstitut DIW unter der Armutsschwelle – rund 1/3 mehr als vor 10 Jahren und insgesamt rund 11,5 Millionen. Vor allem junge Leute, Migranten, Ostdeutsche und Alleinerziehende sind betroffen. Fast jede 3. Armutsgefährdete konnte es sich 2009 nicht leisten, jeden 2. Tag eine vollwertige Mahlzeit einzunehmen; gut jeder 6. konnte seine Wohnung nicht angemessen heizen.[B2]

Normal- und Geringverdienende in Deutschland müssen laut einer Studie des Wirtschaftsinstituts DIW seit Jahren massive Lohn- und Kaufkraftsenkungen hinnehmen, während die Gehälter von Spitzenverdienern weiter steigen. Die unteren 5 Einkommensgruppen hatten 2010 zwischen 5 und 22% weniger in der Tasche als 2000. Beispiel: Wer im Jahre 2000 als Wachmann oder als Friseurin über ein reales Nettoeinkommen von 835 Euro verfügte, kam 10 Jahre später auf nur noch 705 Euro – das sind 16% weniger. Hauptursache: der wachsende Anteil von Leiharbeit und Teilzeitjobs, meist von Frauen.[B3]

Reiche werden immer reicher, Arme ärmer: Bankmanager verdienen in Deutschland bis zu 600-mal mehr als Autoren und bis zu 2 000-mal mehr als Friseurinnen. Anshu Jain, Vorstandsmitglied der Deutschen Bank, bekommt etwa 12 Millionen Euro im Jahr, umgerechnet auf Normalarbeitszeiten wären das 6 000 Euro pro Stunde. Eine freie Journalistin mit akademischem Abschluss kommt auf 10–30 Euro, einer Friseurin in Brandenburg steht ein Tariflohn von 3,05 Euro pro Stunde zu.[B4]

Ex-Porsche-Chef Wendelin Wiedeking brachte es auf das 5 000-Fache eines angenommenen Mindestlohns von 1 250 Euro pro Monat. Der bestbezahlte Manager in den USA verdient sogar das 300 000-Fache des gesetzlichen Mindestlohns: rund 4 Milliarden Dollar.[B5]

HAARE AB! WOW! GUTE GESCHÄFTSIDEE... ICH WERDE REICH!

Die Schweizer Ökonomin Mascha Madörin hat ausgerechnet, wie lange sie hätte arbeiten müssen, um den Gewinn von 1 Milliarde Dollar zu verdienen, den George Soros 1992 bei seiner Spekulation um das britische Pfund einstrich: Sie hätte 20 000 vor Christus zu arbeiten beginnen müssen.[B6]

Jede 3. neue Arbeitsstelle in der Bundesrepublik entsteht im Leiharbeitssektor. Was Beschäftigte dort bekommen, reicht oft nicht mehr für ein menschen würdiges Leben, sodass der Staat Sozialhilfeleistungen bzw. ergänzendes Hartz IV zahlen muss. Im Vergleich zu Normalarbeitenden verdienen Leiharbeitende fast die Hälfte weniger: im Westen im Schnitt 1 456 Euro brutto im Monat, im Osten 1 224 Euro. Jeder 8. Leiharbeiter erhält weniger als 1 000 Euro brutto.[B7]

47% der deutschen Bürger glauben laut Umfragen, Langzeitarbeitslose seien arbeitsscheu. Gut 57% meinen, Langzeiterwerbslose machten sich »auf Kosten der Gesellschaft ein schönes Leben«. Die tatsächliche Missbrauchsquote lag laut Bundesagentur für Arbeit 2009 bei 1%.[B8]

Immer den billigsten Arbeitskräften hinterher: Der finnische Handyhersteller Nokia machte 2008 seinen Standort Bochum dicht, rund 3 000 Angestellte wurden entlassen, die Produktion nach Rumänien verlagert. Inzwischen wurde es dem Unternehmen offenbar auch dort zu teuer, es will in ein asiatisches Billigland weiterziehen. Ende 2011 schloss es sein Handywerk in Rumänien und entließ etwa 2 300 Beschäftigte. Die rumänische Regierung forderte deshalb 20 Millionen Euro an Subventionen zurück.[B9]

TOP 20 MANAGERGEHÄ[LTER]
2011 IN EUROPA

[SCHÄTZUNG 2011][B10]

BOB DUDLEY	BP (GB)	**18,9 Mio Euro** Jahresgehalt
VITTORIO COLAO	Vodafone Group (GB)	**12,0 Mio Euro**
ALFREDO SÁENZ ABAD	Banco Santander (ESP)	**11,8 Mio Euro**
FRANK CHAPMAN	BG (GB)	**11,3 Mio Euro**
STEPHEN ELOP	Nokia (FIN)	**11,5 Mio Euro**
PAUL BULCKE	Nestlé (CH)	**10,5 Mio Euro**
JOCHEN ZEITZ	Puma (D)	**9,8 Mio Euro**
PETER VOSER	Royal Dutch Shell (NL)	**9,4 Mio Euro**
MARTIN WINTERKORN	Volkswagen (D)	**9,3 Mio Euro**
MICHAEL F. GEOGHEGAN	HSBC (GB)	**9,3 Mio Euro**
MATHIAS DÖPFNER	Axel Springer Verlag (D)	**8,94 Mio Euro**
PETER LÖSCHER	Siemens (D)	**8,91 Mio Euro**
BRADY DOUGAN	Credit Suisse (CH)	**8,87 Mio Euro**
JOSEF ACKERMANN	Deutsche Bank (D)	**8,83 Mio Euro**
DIETER ZETSCHE	Daimler AG (D)	**8,69 Mio Euro**
JÜRGEN GROSSMANN	RWE (D)	**8,59 Mio Euro**
PAUL A. WALSH	Diago (GB)	**8,4 Mio Euro**
ANDREW WITTY	Glaxo Smith Kline (GB)	**8,32 Mio Euro**
JOSEPH JIMENEZ	Novartis (CH)	**8,3 Mio Euro**
DAVID BRENNAN	Astra Zeneca (GB)	**7,7 Mio Euro**

LTER

Die Aldi-Brüder gehören zu den reichsten Menschen der Welt, während ihre Angestellten und Lieferanten äußerst schlecht bezahlt werden. Die Christliche Initiative Romero hat das in folgender satirischer Aldi-Werbung zusammengefasst: »T-Shirt, hergestellt in Bangladesch, dank kurzer Zeitverträge Arbeitskosten weltweit reduziert, Arbeitsrechte eingespart, je Stück 4,29 Euro.« Die Mehrheit der Aldi-Kunden sind inzwischen Besserverdienende, die es sich leisten könnten, faire Waren zu höheren Preisen zu kaufen.[B11]

Der deutsche Lebensmittelmarkt gilt als der härteste der Welt – mit einem außerordentlich niedrigen Preisniveau. Die 6 Supermarktketten Edeka, Rewe, Aldi, Lidl, Metro und Tengelmann teilen sich rund 90% des Marktes. Sie drücken Lieferanten und Erzeuger im Preis und diktieren unfaire Konditionen: viel zu lange Arbeitszeiten ohne Pausen | unbezahlte Überstunden | Verhinderung von Gewerkschaften | Sanktionen gegen Gewerkschaftsmitglieder | Löhne unter dem Existenzminimum | Kinderarbeit | sexuelle Gewalt gegen Arbeiterinnen | Verseuchungen durch Pestizide.[B12]

In Bangladesch bekommen 18- bis 20-jährige Näherinnen, die für Lidl arbeiten, laut einer 3sat-Dokumentation nur 10 Cent Stundenlohn und 16 Euro Monatslohn. Sie arbeiten täglich 15 Stunden und mehr. Es gibt insgesamt 4 000 Kleiderfabriken, aber nur 400 Inspektoren, und die Kontrolleure sind oftmals korrupt.[B14]

Da die heimische Blumenproduktion nur 20% der Nachfrage in Deutschland deckt, werden große Mengen Schnittblumen importiert – zum Beispiel Rosen für den Valentinstag. Die Löhne in der Blumenindustrie von Entwicklungsländern, etwa in Kenia oder Ecuador, sind extrem niedrig, das Vergiftungsrisiko durch Pestizide für Arbeiterinnen sehr hoch.[B13]

In Haiti kostet ein Sklavenmädchen rund 50 Dollar, in der Elfenbeinküste kosten Sklavenkinder zwischen 30 und 300 Dollar das Stück. Obwohl die Sklaverei offiziell abgeschafft ist, schätzen Experten die Zahl der versklavten Zwangsarbeiter weltweit auf rund 27 Millionen – so viele wie nie zuvor in der Menschheitsgeschichte. In Usbekistan müssen rund 2 Millionen Kinder Zwangsarbeit bei der zweimonatigen Ernte der Baumwolle leisten – Rohstoff für die Billigklamotten in hiesigen Discountern. In Haiti gibt es schätzungsweise rund 400 000 Kindersklaven. In der Elfenbeinküste produzieren Zehntausende Kindersklaven rund 35% der weltweiten Kakaoernte. Das Volumen des Menschenhandels hat sich seit Mitte der 1990er-Jahre weltweit vervierfacht.[B15]

Eine alleinstehende Geringverdienende muss in Deutschland knapp 45% ihres Arbeitgeberbruttos für Steuern und Sozialabgaben ausgeben. Ein Multimillionär hingegen kommt nur auf eine durchschnittliche Steuerlast von 28,7%.[B16]

Top-Verdienende müssen weltweit immer weniger Steuern zahlen. Von 2003 bis 2009 sank der Spitzensteuersatz laut einer Studie der Beratungsgesellschaft KPMG in 86 Ländern von durchschnittlich 31,2% auf 28,9%. 37 Länder hatten ihren Steuerhöchstsatz gesenkt.[B17]

Nur 5% der in Hamburg wohnenden Einkommensmillionäre erlebten 2009 eine Außenprüfung der Steuerbehörden. In keinem anderen Bundesland wohnen so viele Millionäre, und nirgendwo wurden sie so wenig kontrolliert. Nach Ansicht von Steuerexperten ist das politisch gewollt. In Deutschland gibt es etwa 30 000 Spitzenverdienende mit Jahreseinkommen von über einer halben Million Euro. 2008 wurden jedoch nur 1 770 »Steuerpflichtige mit bedeutendem Einkommen« kontrolliert.[B18]

Der deutsche Staat finanziert sich zu 60% durch Steuern und Abgaben, die den Faktor Arbeit belasten. Umweltsteuern, die sowohl die Arbeitenden als auch die Natur entlasten würden, machen hingegen nur 5,5% der Staatsfinanzen aus.[B19]

Ein Betriebsprüfer der Finanzämter treibt durchschnittlich 1 Million Euro pro Jahr ein. Bundesweit fehlen derzeit laut Ver.di 2 700 Betriebsprüferinnen und 300 Steuerfahnder.[B20]

Wirtschaftskriminalität verursachte nach einer Schätzung des Bundeskriminalamtes 2010 Schäden in Höhe von etwa 4,7 Milliarden Euro: 25% mehr als im Vorjahr. Internetkriminalität stieg im Vergleich zum Vorjahr sogar um 190% an. Wirtschaftskriminelle erhalten in der Regel niedrige Strafen, weil ihre Schuld juristisch oft schwer nachweisbar ist.[B21]

Wegen der Einlösung von zwei Flaschenbons über 1,30 Euro sprach die Supermarktkette Kaiser's der Berliner Kassiererin »Emmely« 2008 die fristlose Kündigung aus. Die Oberhausener Firma Jawa kündigte 2009 ihrem Angestellten Mohammed S. wegen Stromdiebstahls: Er hatte sein Handy in der Firma aufgeladen und dabei Kosten von 0,00014 Euro verursacht. Eine Konstanzer Stiftung entließ 2009 fristlos eine Altenpflegerin, weil sie sechs übrig gebliebene Maultaschen im Wert von 3–4 Euro mit nach Hause genommen hatte. In allen Fällen ging der Rechtsstreit später zugunsten der Beschäftigten aus. Solche Bagatelldelikte richten im Vergleich zur Wirtschaftskriminalität von Höhergestellten viel weniger Schaden an. Nach einer Schätzung der Wirtschaftsprüfungsgesellschaft KPMG betrugen die Schäden durch Diebstahl und Unterschlagung 2010 gut 28 Millionen Euro, die durch Bilanzfälschungen, Korruption, Geldwäsche und Kartellrechtsverstöße aber fast 1 Milliarde Euro – und damit knapp das 35-Fache.[B22]

Chefs sind häufiger kriminell als kleine Angestellte, so das Ergebnis einer Studie der Wirtschaftsprüfungsgesellschaft KPMG zur Wirtschaftskriminalität in 69 Ländern. KPMG untersuchte 250 bekannt gewordene Fälle, darunter 22 in Deutschland. Danach ist der typische Wirtschaftskriminelle männlich, 35 bis 45 Jahre alt und in der Hierarchie weit oben stehend.[B23]

Geldwäsche nötig: In Kassenbons und Geldscheinen steckt die Chemikalie Bisphenol A, die unfruchtbar machen kann; allerdings müsste man dafür Zigtausende von Banknoten verspeisen. Geldnoten enthalten zudem Spuren von Genbaumwolle, Tributylzinn, Heroin, Kokain, Grippe- und Hepatitisviren. Geld ist zum Verzehr eindeutig ungeeignet.[B24]

88% der Menschen in Deutschland und 90% in Österreich wünschen sich laut einer Umfrage von 2010 eine »neue Wirtschaftsordnung«, bei der Umweltschutz, Ressourcenschonung und sozialer Ausgleich stärker berücksichtigt werden. Einen Wohlstand, der durch Umweltschäden oder hohe Staatsverschuldung erkauft wird, lehnen mehr als 80% ab. Die Quellen persönlicher Lebensqualität lagen für die große Mehrheit der Bundesbürger im seelischen und immateriellen Bereich: Gesundheit (80% Zustimmung), intakte Familie und Partnerschaft (72%), Selbstbestimmung (66%), friedliches Zusammenleben und soziales Engagement (58%). Weit abgeschlagen: Geld und Besitz mehren (12%). 61% glauben nicht, dass sie durch Wirtschaftswachstum künftig noch mehr Lebensqualität erlangen werden. Auf die »Selbstheilungskräfte« der Märkte vertrauen nur noch 28%.[B25]

65% der berufstätigen Deutschen würden am liebsten 30–40 Wochenstunden arbeiten, 7% weniger als 20 Stunden, nur 2% würden am liebsten gar nicht arbeiten.[B26]

Nahezu jeder 3. Mensch in Deutschland leidet innerhalb eines Jahres an einer psychischen Störung. Seit 1990 haben sich die Krankschreibungen wegen psychischer Belastungen fast verdoppelt und 2010 einen neuen Höchststand erreicht. Jeder 10. Arbeitende unter 30 hat Schmerzen oder andere körperliche Probleme ohne organische Ursache, oft begleitet von Depressionen. Angststörungen und Depressionen sind auch die Hauptursache von Frühverrentung. Das Durchschnittsalter der erwerbsunfähigen Frührentner betrug 2010 gut 48 Jahre.[B27]

4 Millionen Menschen in der Bundesrepublik leiden an Depressionen, das sind knapp 5%. Nach dem Kinder- und Jugendgesundheitssurvey des Robert-Koch-Instituts hat jedes 10. Kind Ängste und jedes 20. depressive Verstimmungen.[B28]

Die Arbeitszufriedenheit in Deutschland sinkt laut einem Report der Universität Duisburg-Essen seit etwa 30 Jahren, und zwar in allen Qualifikationsstufen und Betriebsgrößen. Besonders stark ist der Rückgang bei Älteren jenseits des 50. Lebensjahres. Im internationalen Vergleich weisen Beschäftigte in Deutschland eine besonders geringe Arbeitszufriedenheit auf. Ursachen: Intensivierung der Arbeit | Unvereinbarkeit von Familie und Beruf | geringe Lohnsteigerungen | wachsende Unsicherheit bei der beruflichen Zukunft.[B29]

33% der Beschäftigten befanden in einer Befragung des Deutschen Gewerkschaftsbundes, ihr eigener Arbeitsplatz sei »mangelhaft«. 52% fanden ihn »mittelmäßig«. Nur 15% vergaben die Note »gut«.[B30]

Genossenschaften machen es oft besser. Im Krisenjahr 2009 zählte man in Deutschland insgesamt 7505 Genossenschaften mit 20,5 Millionen Mitgliedern und 840 000 Beschäftigten. Genossenschaftliche Neugründungen innerhalb des letzten Jahrzehnts betrafen ganz unterschiedliche Bereiche: erneuerbare Energien | Einkaufsgenossenschaften | Dienstleistungs- | Senioren- oder Produktionsgenossenschaften zur Fortführung insolventer Betriebe. Europaweit existieren rund 300 000 Genossenschaften mit insgesamt etwa 140 Millionen Mitgliedern. Die größte ist die im Baskenland gegründete, inzwischen weltweit operierende Mondragón-Genossenschaft, die nach Gemeinwohlprinzipien wirtschaftet und mit knapp 93 000 Mitgliedern einen Jahresumsatz von 16 Milliarden Euro erzielt.[B31]

Ein gesetzlicher Mindestlohn würde Leih- und Niedriglohnarbeit stark einschränken – in Deutschland und weltweit.

Auch Maximallöhne für Vielverdienende sollten festgelegt werden, die beispielsweise höchstens das 20-Fache des Mindestlohns betragen. Kein Manager, der das 300 000-Fache eines Arbeitnehmers verdient, kann behaupten, dass er auch das 300 000-Fache leistet.[B32]

Millionäre fordern selbst, höher besteuert zu werden – unter anderem der Reeder Peter Krämer, der Sänger Marius Müller-Westernhagen, der Versandhausbesitzer Michael Otto, der Versicherungsunternehmer Jürgen Hunke und der Hörgerätehersteller Martin Kind. Eine Steuer von 1% auf Vermögen von über 1 Million Euro würde laut Wirtschaftsinstitut DIW gut 330 000 Bürger betreffen und dem Staat bis zu 18 Milliarden Euro einbringen.[B33]

Sozialunternehmen, Genossenschaften und selbstverwaltete Betriebe zeigen, dass selbstbestimmte Arbeit bessere Resultate zeitigt und starke Hierarchien oder Einkommensunterschiede überflüssig sind. Gewinne sind in diesen Betrieben nicht länger Selbstzweck, sondern Mittel zur Verwirklichung des Gemeinwohls. Sie werden meist für soziale oder ökologische Zwecke reinvestiert. Ein Netzwerk dieser Betriebe findet sich unter www.solidarische-oekonomie.de.

Fair kaufen fördert faire Arbeitsbedingungen weltweit. Billigklamotten und Billigschokolade enthalten mit ziemlich hoher Wahrscheinlichkeit Kindersklavenarbeit. Das ist bei Fairtrade-Kleidung oder -Schokolade nicht der Fall. Auch für andere Waren, etwa Blumen, gibt es Fairtrade-Siegel.

Arbeit fair-teilen: Wenn die Arbeitsfähigen in Deutschland nur 30 Wochenstunden arbeiten würden, könnten alle Erwerbssuchenden eine bezahlte Arbeit finden. Die Arbeitenden wären weniger gestresst und hätten mehr Zeit für Familie und Hobbys. Ein Lohnausgleich für untere Lohngruppen wäre über wegfallende Zahlungen für Erwerbslose finanzierbar.[B34]

In Österreich, Deutschland und der Schweiz hat sich auf Initiative des Gemeinwohl-Vordenkers Christian Felber ein Netzwerk von rund 1500 Betrieben, Vereinen und Privatpersonen gegründet, die als Alternative zu Kapitalismus und Realsozialismus eine Gemeinwohlwirtschaft aufbauen wollen: www.gemeinwohl-oekonomie.org.

Nicht Konkurrenz, sondern Kooperation ist die effizienteste und am stärksten motivierende Methode des Wirtschaftens. Zu diesem Ergebnis kommen 87% von 369 Studien aus den Bereichen Spieltheorie, Sozialpsychologie und Neurobiologie. Gruppen, die die Früchte ihres Erfolgs unter allen Beteiligten gleich aufteilen, erbringen die höchsten Leistungen, weil gleiche Wertschätzung am meisten motiviert.[B35]

Die Welthandelsorganisation WTO könnte durch eine Weltorganisation für fairen Handel ersetzt werden: Nur wer die demokratisch vereinbarten ökologischen, menschenrechtlichen, sozialen und steuerlichen Kriterien erfüllt, darf Mitglied werden.[B36]

BANK
BANK
BANK
BANK
BANK
BANK
BANK

3 VERTEILUNGSBESCHISS

Knapp 150 kartellartig miteinander verflochtene Konzerne und Banken bestimmen mehr oder weniger die Geschicke der Weltwirtschaft. »Heute sind die internationalen Finanzmärkte wohl die erste Weltmacht, mächtiger als selbst die USA«, schreibt der österreichische Ökonom Erich Streissler.[C1] Das beweisen nicht zuletzt die Finanzkrisen von 2008/9 und 2011/12, ausgelöst durch die Wetten und Roulettespiele im »Kasinokapitalismus«. Der ist wortwörtlich zu verstehen: Die Deutsche Bank hat sich unter anderem in der Spielhöllenstadt Las Vegas massiv verzockt, was ihr wohl Milliardenverluste bescheren wird. Dass die Spekulanten in den Bankvierteln von London oder Frankfurt keine mildtätigen Schwestern sind, weiß man schon lange. Aber was Schweizer Wissenschaftler in einem Vergleich zwischen einer Gruppe von Tradern und Psychopathen herausfanden, ist trotzdem schockierend: Die Händler waren schlimmer. Ihre oberste Motivation bestand darin, ihren Konkurrenten zu schaden und sie beim Verdienst zu überholen. Ob der Rest der Welt in den Abgrund stürzt, interessiert sie nicht.

Der Zorn vieler Menschen auf die Finanzindustrie ist also vollkommen berechtigt, aber eins darf man dabei nicht aus dem Auge verlieren: Das eigentliche Problem ist die winzige Elite der Superreichen dieser Welt, denen die Politik erlaubt hat, obszöne Mengen an Vermögen aufzuhäufen. Sie werden zumeist weniger besteuert als jede kleine Büroangestellte – und haben trotzdem über 11 Billionen Dollar in Steueroasen geschafft, damit sie überhaupt nichts mehr zu zahlen brauchen. Legal? Illegal? Scheißegal! Gleichzeitig ist 1 Milliarde Menschen chronisch unterernährt, weil sie zu wenig oder gar kein Geld für Essen haben und die Lebensmittelpreise wegen Börsenspekulationen in die Höhe schießen. Das ist nicht nur ein »Verteilungsbeschiss«, das ist der moralische Skandal des 21. Jahrhunderts.

Dabei wäre es gar nicht so schwierig, die Reichen zu besteuern, die Steueroasen auszutrocknen, spekulative Formen von Finanzgeschäften zu verbieten und die so gewonnenen Gelder den Armen zukommen zu lassen. Die Politik müsste sich nur endlich transnational verabreden, nicht länger auf die Einflüsterungen der Finanzlobby zu hören, strikte Regulierungen zu verabschieden und sie in nationale Gesetze zu gießen.

147 Konzerne beherrschen etwa 40% der Weltwirtschaft – mittels Aktienpaketen, Krediten und Anteilen an Fremdfirmen, so eine Studie der Eidgenössischen Technischen Hochschule Zürich von 2011. Weitere Studienergebnisse: 2/3 der Konzerne gehören zur Finanzindustrie, ihre kartellartige Vernetzung macht sie extrem mächtig und »systemrelevant«. Zu den mächtigsten Zehn gehören:

Barclays (Großbritannien) | Capital Group (USA) | FMR Corporation (USA) | AXA (Frankreich) | State Street Corporation (USA) | JP Morgan (USA) | Legal & General Group (Großbritannien) | Vanguard Group (USA) | UBS (Schweiz) | Merrill Lynch (USA).[C2]

Das in der Finanzindustrie gehandelte Geldvolumen hat sich völlig von der Realwirtschaft gelöst: Das Volumen aller gehandelten Aktien und Bonds betrug 2011 etwa 87 Billionen Dollar, also fast das 1,4-Fache der Weltwirtschaftsleistung von rund 63 Billionen Dollar im selben Jahr. Die nominale Summe aller außerbörslich gehandelten Finanzderivate betrug 601 Billionen Dollar und damit knapp das 10-Fache der Weltwirtschaftsleistung. Das nominale Volumen aller Devisengeschäfte betrug 955 Billionen Dollar, also etwa das 15-Fache der Weltwirtschaftsleistung. Allein das Bankhaus JP Morgan betrieb 2010 Derivatgeschäfte im nominalen Wert von schätzungsweise 76 Billionen Dollar; alle US-Banken zusammen jonglierten mit Derivaten in nominaler Höhe von 249 Billionen Dollar – also 4-mal so viel, wie die gesamte Menschheit in einem Jahr erwirtschaftet.[C3]

Viele Banken haben an der Bankenrettung von 2008/09 auch noch verdient. Die durch Verstaatlichung gerettete Hypo Real Estate zahlte mit Staatsgarantien im Rücken folgende Gläubiger aus: die US-Bank JP Morgan | die Deutsche Bank | die Postbank | die Bayern LB | die Allianzversicherung und weitere.[C4]

Aktienhändler sind laut einem Test der Universität St. Gallen an 28 Profi-Tradern noch egoistischer und rücksichtsloser als gleichzeitig getestete Psychopathen. Wie Versuchsleiter Thomas Noll erläuterte, »ging es den Händlern vor allem darum, mehr zu bekommen als ihr Gegenspieler. Und sie brachten viel Energie auf, diesen zu schädigen.« Ihr Verhalten gleiche dem eines Mannes, der mit dem Baseballschläger das Fahrzeug des Nachbarn zerschlage, nur weil dieser das gleiche Auto besitze.[C6]

Fast 1/4 der Tessiner Banker greift laut einer Studie zu Antidepressiva, Beruhigungs- oder Schlafmitteln, 1/3 nimmt Schmerz-, fast die Hälfte Aufputschmittel oder Vitamine. Im Frankfurter Bankenviertel entdeckte der Hessische Rundfunk auf einem Geldschein den deutschlandweit höchsten Kokainwert, der je gemessen wurde. Im Londoner Bankenviertel setzten bekokste Händler laut einem Insiderbericht des Ex-Investmentbankers Geraint Anderson riesige Summen in den Sand. Im Wasser der Themse fanden Wissenschaftler Kokainspuren, die auf täglich 150000 Koks-Linien schließen ließen.[C5]

Bei der »Bad Bank« der verstaatlichten Hypo Real Estate wurden über 55 Milliarden Euro falsch verbucht. Dass das im Bundesfinanzministerium lange niemandem auffiel, ist womöglich ein Symptom dafür, wie gleichgültig Finanzbeamte inzwischen solchen Summen gegenüberstehen. Die »Bad Bank« FMS umfasst immer noch »Giftpapiere« von rund 160 Milliarden Euro. Bei einer Pleite strauchelnder Euro-Länder oder einem Schuldenschnitt müssten die Steuerzahlenden für einen Großteil des Geldes geradestehen.[C7]

Die Bankenrettung von 2008/09 war Ende 2011 noch lange nicht abgeschlossen. Nach Schätzung des Ökonomieprofessors Christoph Kaserer betrugen die Kosten dafür in Deutschland 25–50 Milliarden Euro. Hinzu kommen die Lasten aus der Eurokrise und aus den »Bad Banks« der Hypo Real Estate und der West LB. Damit könnte die Bankenrettung am Ende 100 Milliarden Euro oder mehr verschlingen – etwa 1/3 des Bundeshaushalts.[C8]

Die Deutsche Bank hat laut Financial Times fast 5 Milliarden Dollar in Luxus-Casinos in Las Vegas gesteckt. Da die Stadt der Spielhöllen seit dem Finanzcrash tief in der Krise steckt, werden die Banker dieses Geld wohl nicht wiedersehen. Die Summe entspricht fast dem Betrag, den die Bank in den Krisenländern Griechenland und Spanien verliehen oder investiert hat.[C9]

TOP 10 REICHSTE DEUTSCHE FAMILIEN

[SCHÄTZUNG 2011] C10

1 KARL ALBRECHT & FAM.
Aldi Süd 17,2 Milliarden Euro Vermögen

2 BERTHOLD & THEO ALBRECHT
Aldi Nord 16 Milliarden

3 DIETER SCHWARZ
Lidl 11,5 Milliarden

4 MICHAEL OTTO & FAM.
Otto Versand 9 Milliarden

5 SUSANNE KLATTEN
u.a. BWM, Altana 8,9 Milliarden

Die reichsten 10% der Deutschen verfügen laut Wirtschaftsinstitut DIW über knapp 2/3 Drittel (61%) des gesamten Volksvermögens, die unteren 70 Prozent haben hingegen weniger als 9%. Die 100 größten Vermögen in Deutschland summieren sich auf über 307 Milliarden Euro – das entspricht in etwa der Größe des Bundeshaushalts.[C11]

Die 25 international bestbezahlten Hedgefonds-Manager verdienten 2009 zusammen 25,3 Milliarden Dollar. David Tepper als Nummer 1 räumte allein 4 Milliarden Dollar ab. Der Hedgefonds von John Paulson, derzeit erfolgreichster Spekulant der Welt, schwoll 2010/2011 auf rund 30 Milliarden Dollar an.[C12]

6 REIMANN & FAM.
Reckitt Benckiser, Coty 8 Milliarden

7 REINHOLD WÜRTH & FAM.
7,2 Milliarden

8 GÜNTER & DANIELA HERZ
u.a. Germanischer Lloyd 7 Milliarden

9 AUGUST OETKER & FAM.
Dr. Oetker 7 Milliarden

10 RETHMANN & FAM.
6 Milliarden

Die Kosten für Sozialleistungen nach Hartz IV beliefen sich 2011 auf etwa 34,2 Milliarden Euro. Das sind ungefähr 7% des Vermögens von 450–500 Milliarden Euro, das deutsche Steuerflüchtlinge und Millionäre nach Angaben des Ex-Bundesfinanzministers Peer Steinbrück in ausländischen Steueroasen geparkt haben. Umgerechnet auf jeden Menschen in Deutschland beziffern sich die Hartz-IV-Kosten auf 422 Euro, das flüchtige Vermögen der Reichen dagegen auf rund 6100 Euro.[C13]

Rund 14% der Bevölkerung in Deutschland sind laut Wirtschaftsinstitut DIW arm. In Österreich sind es über 12%, in der Schweiz rund 10%. Nach der EU-Definition gilt als armutsgefährdet, wer über weniger als 60% des Durchschnittseinkommens verfügt. Für einen 1-Personen-Haushalt in Deutschland liegt die Schwelle derzeit bei 930 Euro, für eine Familie mit 2 minderjährigen Kindern bei 1950 Euro. Von Armut besonders betroffen sind Kinder und Jugendliche, alleinerziehende Frauen, Ostdeutsche, Erwerbslose, Alte, Behinderte und Migranten. Kaum zu beziffern ist die verdeckte Armut von Menschen, die aus Scham keine öffentliche Hilfe in Anspruch nehmen.[C14]

In der Schweiz ist die Kluft zwischen Arm und Reich besonders groß. Laut Verteilungsbericht des Schweizerischen Gewerkschaftsbundes besaßen 2011 dort gut 2% der Menschen die Hälfte des nationalen Vermögens, während 90% sich 1/4 des Vermögens teilten.[C15]

Die Schweiz war 2011 laut Global Wealth Report des Allianz-Konzerns das reichste Land der Welt. Ihre Einwohner hatten 2011 im Schnitt umgerechnet rund 207000 Euro pro Kopf auf der hohen Kante. Dies sind 19% mehr als im Jahr zuvor – vor allem wegen des starken Frankens. Auf Platz 2 landeten die USA mit umgerechnet knapp 112000 Euro pro Kopf. Es folgte Japan | Dänemark | Niederlande | Australien | Singapur | Belgien | Großbritannien und Kanada | Deutschland liegt auf dem 17. Platz mit einem Pro-Kopf-Vermögen von rund 60000 Euro | Griechenland kommt auf 25000 Euro pro Kopf | China auf 3300 Euro | Indien auf 800 Euro.[C16]

Die Schweiz entzieht den Entwicklungsländern nach einer älteren Schätzung der »Erklärung von Bern« 5-mal so viel Kapital, wie sie ihnen an Entwicklungshilfe überweist.[C17]

Täglich sterben weltweit rund 50 000 Menschen an armutsbedingtem Hunger.[C18]

Die Millionäre und Milliardäre dieser Welt – die 0,5% der Weltbevölkerung ausmachen – haben laut Global Wealth Report 2011 der Credit Suisse ein Vermögen von fast 89 Billionen Dollar angehäuft. Das ist ungefähr das 1,5-Fache dessen, was die Menschheit innerhalb eines Jahres erwirtschaftet. Die Vermögen sind dabei extrem ungleich verteilt: Die Einwohner Nordamerikas waren rund 5-mal so reich wie die Bewohner Lateinamerikas, Afrikas und des Nahen Ostens zusammen.[C19]

Wer 1 Milliarde Euro besitzt, muss bei einer Jahresverzinsung seines Vermögens von 5% **täglich 137 000 Euro** ausgeben, um NICHT reicher zu werden. Bei 8% wären es sogar 220 000 Euro.[C20]

SCHATZ! KOMM DA RUNTER!! EIN KAU FEN!
ich trau mich nicht!
Fr

TOP 10 REICHSTE DER WELT 2011

Die Forbes-Liste der 500 Reichsten weltweit brach 2011 alle Rekorde: Sie umfasste 1211 Milliardäre, die insgesamt 4,5 Billionen Dollar Vermögen besaßen – so viel wie nie zuvor. Die Anzahl der chinesischen Milliardäre hatte sich verdoppelt, in Moskau wohnten nun mehr Milliardäre als in jeder anderen Stadt. Der reichste Deutsche war Karl Albrecht auf Platz 12.[C21]

Das reichste 1% der Menschheit besitzt rund 44% des Weltvermögens. Die reichsten 10% besitzen mehr als 4/5 (84%) aller Vermögenswerte. Die ärmere Hälfte der Weltbevölkerung besitzt gerade mal 2% des Vermögens.[C22]

CARLOS SLIM HELÚ & FAM.
Telmex Mexiko
74 Milliarden Dollar

BILL GATES
Microsoft USA 59 Milliarden

WARREN BUFFETT
Berkshire Hathaway USA 39 Milliarden

BERNARD ARNAULT
Moët Hennessy Louis Vuitton S.A. Frankreich 41 Milliarden

LAWRENCE ELLISON
Oracle USA 33 Milliarden

LAKSHMI MITTAL
ArcelorMittal Indien 31,3 Milliarden

AMANCIO ORTEGA
Inditex Spanien 31 Milliarden

EIKE BATISTA
EBX Brasilien 30 Milliarden

MUKESH AMBANI
Reliance Industries Indien 27 Milliarden

CHRISTY RUTH WALTON & FAM.
Wal-Mart USA 24,5 Milliarden

WER HAT DEN LÄNGSTEN?

Der längste Privatkahn der Welt ist die »Eclipse« des Milliardärs Roman Abramowitsch. Die Yacht misst 162,5 Meter und damit 50 Zentimeter mehr als das Boot des Emirs von Dubai. Der Sultan von Oman liegt dagegen mit seiner »nur« 155 Meter langen Yacht abgeschlagen auf dem dritten Platz. Abramowitsch scheiterte im Sommer 2011 beim Versuch, im Hafen der Stadt Antibes an der Côte d'Azur anzulegen, weil die »Eclipse« an keine Anlegestelle mehr passt.[C23]

In den USA kontrolliert 1% der Reichsten etwa 90% allen Vermögens und verdient so viel wie die unteren 60% der Gesellschaft zusammen. Die Parole der Bewegung Occupy Wall Street im Herbst 2011 lautete deshalb: »Wir sind die 99 Prozent!«[C24]

Alle UN-Mitgliedsstaaten haben sich im September 2000 mit ihrer Millenniumserklärung dazu verpflichtet, folgende 8 Entwicklungsziele bis zum Jahr 2015 zu erreichen: Halbierung der weltweiten Armut | Grundschulbildung für alle | Bildungsgleichstellung für Mädchen und Frauen | Verringerung der Kinder- und Müttersterblichkeit | Bekämpfung von Aids und Malaria | mehr sauberes Wasser | mehr Entwicklungshilfe. Jährlich würden schätzungsweise knapp 200 Milliarden Dollar benötigt, um die Ziele zu erreichen; schon jetzt zeichnet sich ab, dass sie aus Geldmangel verfehlt werden. Zum Vergleich: Die 10 reichsten Familien der Welt besitzen zusammen knapp das Doppelte dieser Summe: rund 390 Milliarden Dollar.[C25]

ECLIPSE ROMAN ABRAMOWITSCH 162,5 m
THE EMIR OF DUBAI
EMIR VON DUBAI 162,0 m
AL SAID
SULTAN VON OMAN 155,0 m

Die Kapitalflucht in Steueroasen hat riesige Ausmaße angenommen: Laut Tax Justice Network waren 2005 11,5 Billionen US-Dollar Privatvermögen in Offshore-Zentren angelegt. Ein Großteil dieses Vermögens wird in rund 70 Offshore-Gebieten – klassischen Steueroasen, etwa in der Karibik oder im Ärmelkanal – verwaltet, um Steuerzahlungen zu minimieren oder zu vermeiden. Die Summe erbringt den Vermögenden bei einer angenommenen Verzinsung von 7,5% einen Zusatzertrag von rund 860 Milliarden Dollar im Jahr, ohne dass sie dafür etwas tun müssen.[C26]

Wenn das in Steueroasen gebunkerte Vermögen in den Herkunftsländern der Reichen versteuert würde, kämen jährlich mindestens 255 Milliarden US-Dollar an zusätzlichen Steuereinnahmen zusammen: Geld, mit dem öffentliche Dienstleistungen oder die Klimawende finanziert werden könnten.[C27]

Die sozial schädlichste Steueroase war nach dem Schattenfinanzindex des Tax Justice Network von 2011 die Schweiz | gefolgt von den Cayman Islands | Luxemburg | Hongkong | USA | Singapur | Jersey | Japan | Deutschland | Bahrain. Zwar hatten Politiker auf dem G20-Gipfel von 2009 versprochen, dass die »Ära der Bankgeheimnisse vorüber« sei, doch laut Tax Justice Network geschah danach fast nichts: »Die Rhetorik ist Billionen Dollar weit weg von der Realität.«[C28]

Die Deutsche Bank hat mehr Filialen auf den Cayman Islands als in Frankfurt am Main. In der britischen Steueroase, wo fast 10 000 Hedgefonds angesiedelt sind, verfügt sie über 136 Niederlassungen, in ihrem Konzernsitz Frankfurt nur über 61. Im US-Steuerparadies Delaware ist sie an 443 Unternehmen beteiligt – mehr als in allen deutschen Städten zusammen. Auch in London und in Luxemburg ist sie sehr gut vertreten. Mehr als die Hälfte ihrer Tochter- und Zweckgesellschaften sowie assoziierte Unternehmen hat die Bank in Steueroasen angesiedelt. Damit belegt sie im Vergleich zu anderen Banken den Spitzenplatz, gefolgt von der mittlerweile ebenfalls zu ihr gehörenden Postbank und der Commerzbank.[C29]

SO KANN ES AUCH GEHEN

Strikte Kontrolle der Finanzindustrie: Unter anderem sollten spekulative und intransparente Finanzprodukte verboten, zu große Banken zerschlagen und eine Finanztransaktionssteuer eingeführt werden, sodass Währungsspekulationen nicht länger lukrativ sind. Kapitalverkehrskontrollen sollten eingeführt, Hedgefonds verboten oder reglementiert werden. Gut wäre auch die Einführung einer künstlichen Weltwährung, wie sie der Ökonom John Maynard Keynes schon 1944 in Bretton Woods vorschlug.

Teilt man alle weltweiten Einkommen durch die Anzahl aller Menschen, kommt man auf etwa 18 500 Dollar im Jahr: Es ist also genug für alle da. Und so viel, dass niemand mehr verhungern, verdursten oder krank und unbehandelt sterben müsste.[C30]

Besteuerung der Reichen: US-Investor Warren Buffett hat die Politiker des Landes zu Steuererhöhungen für Großverdiener aufgefordert. »Wir Megareiche profitieren weiterhin von außergewöhnlichen Steuervorteilen«, schrieb er in der New York Times. 2010 habe er nur 17,4% seines Einkommens abführen müssen, während die Steuersätze von 20 Angestellten seines Büros zwischen 33 und 41% betrugen. Dabei liefert die USA ein historisches Vorbild für eine erfolgreiche Reichenbesteuerung: Unter US-Präsident Roosevelts New Deal stiegen der Spitzensteuersatz ab 1933 auf schließlich 79% und die Erbschaftssteuer auf 77% – ein immenses Wachstum und eine breite Mittelschicht entstanden.[C31]

Spitzeneinkommen sollten nach einem Vorschlag des Gemeinwohlökonomen Christian Felber nicht mehr als das 20-Fache der Mindestlöhne betragen, und niemand sollte mehr als 10 Millionen Euro Privatvermögen anhäufen dürfen.[C32]

In den skandinavischen Ländern liegen die Steuerquoten bei teilweise mehr als der Hälfte des Bruttoinlandprodukts und die Spitzensteuersätze zwischen 52 und 59%. Dieser angebliche Standortnachteil führt zu einer stabileren Wirtschaft und niedrigeren Erwerbslosenquoten als in den meisten anderen Ländern.[C33]

Steueroasen kann man austrocknen. Ein Staat könnte die Zulassung von Banken und Investmentgesellschaften an die Bedingung knüpfen, dass sie keine Beziehung zu Steueroasen knüpfen. Könnten wir die in Steueroasen gebunkerten 11,5 Billionen Dollar direkt für Entwicklung einsetzen, so könnten wir damit, rein rechnerisch, die Freiheit von Armut, Hunger, Seuchen und Bildungsmangel bis 2045 finanzieren.[C34]

Attac ruft Bankkunden zum »Krötenwechsel« auf, also zum Wechsel zu Gemeinwohlbanken wie GLS, Umweltbank und Triodos. Die GLS etwa finanzierte mit dem Kundengeld 2010 über 5 000 soziale und ökologische Projekte.[C35]

Ab einer bestimmten Größe sollten transnationale Konzerne automatisch in das Eigentum der Allgemeinheit übergehen. Für die überwältigende Mehrheit der Unternehmen – 99% sind klein oder mittelständisch – würde sich nichts ändern, ihre Situation würde sich wohl sogar verbessern.[C36]

Ansiedlung einer Weltsteuerbehörde bei der UNO mit folgenden Aufgaben: Informationssammlung | Sanktionierung steuerschädlicher Praktiken | Schließung von Steueroasen, Ahndung von Geldwäsche | einheitliche Besteuerung von Konzerngewinnen.[C37]

4 VERSCHULDUNGSBESCHISS

Die Finanz-, Euro- und Verschuldungskrise schwelt weiter. Die außer Rand und Band geratene Finanzindustrie hat innerhalb von 4 Jahren nicht nur 2 hochgefährliche Bankenkrisen mit weltweiten Folgen verursacht, sondern auch die Staatsverschuldung in schwindelerregende Höhen getrieben. In vielen betroffenen Ländern demonstrieren und protestieren Menschen dagegen, denn sie wissen: Haushaltssperren, soziale Kürzungen und Verschlechterungen bei Bildungs-, Gesundheits- und Rentensystemen sind die Folgen.

Dabei bewegen sich Deutschland und Österreich, was ihre Bildungssysteme anbelangt, schon jetzt auf dem Niveau von Entwicklungsländern: Viele arme Staaten investieren mehr Gelder in Bildung als diese reichen. Zudem ist die frühe Selektion deutscher und österreichischer Kinder in die verschiedenen Schulformen nicht nur ungerecht, sondern auch ineffektiv – abzulesen an deren schlechtem Abschneiden bei den internationalen PISA-Bildungstests.

Eine ähnlich ungerechte Struktur findet sich im Gesundheits- und Rentenwesen. Hier tun die Armen den Reichen den Gefallen, zwischen 8 und 11 Jahren früher zu sterben und den Begüterten so indirekt ein längeres Leben mit einer üppigeren Rente zu ermöglichen.

Dabei wäre es gar nicht so schwer, Alternativen zu organisieren. Die USA haben mit dem New Deal in den 1930er-Jahren erfolgreich vorgemacht, wie man mit der Besteuerung der Reichen aus der Krise kommt und eine breite Mittelschicht schafft. Mit der Umverteilung von Geldern statt mit Privatgebühren und Privatversicherungen könnten auch das Bildungs-, Gesundheits- und Rentensystem besser und gerechter gestaltet werden. 4 von 5 Befragten in Deutschland plädieren zum Beispiel dafür, Überschüsse der Rentenkasse für die Bekämpfung von Altersarmut zu verwenden statt zur Senkung des Rentenbeitrags.[D1]

Müsste Deutschland, gemessen an seiner Wirtschaftsleistung, so sparen wie Griechenland, kämen nach Darstellung des früheren griechischen Premiers Giorgos Papandreou Kürzungen von 125 Milliarden Euro heraus. Selbst wenn alle deutschen Kitas, Schulen, Universitäten und Bildungsstätten geschlossen würden, wäre diese Einsparsumme noch nicht erreicht.[D2]

Die Sparzwänge in Griechenland sind sehr ungleich verteilt. Eine 5-köpfige Familie mit einem Jahreseinkommen von 25 000 Euro muss statt 390 Euro Einkommenssteuer künftig knapp 3 000 Euro im Jahr zahlen: ein Anstieg von über 660%. Dagegen wird ein kinderloses Ehepaar mit 100 000 Euro Jahreseinkommen statt mit 31 600 nun mit 32 420 Euro Einkommenssteuer besteuert: Das sind nur 2,6% mehr.[D3]

Das größte EU-Land Deutschland zahlt zwar am meisten für den Euro-Rettungsschirm, hat aber auch am meisten davon, wenn der Euro überlebt. Ein Euro-Crash und die Rückkehr zur D-Mark würden Hunderte von Milliarden kosten, deutsche Banken würden pleitegehen, Exporte würden zusammenbrechen, weil die D-Mark enorm aufgewertet würde. Selbst eine Insolvenz des deutschen Staates wäre nicht mehr ausgeschlossen.

Die Bankenrettung von 2008 und der folgende Konjunktureinbruch haben die Staatsverschuldung enorm in die Höhe getrieben: 2010 stiegen die Staatsschulden in Deutschland um 18% an, Ende 2011 betrugen sie laut Bund der Steuerzahler über 2 Billionen Euro. Das entsprach einer Schuldenlast von knapp 25 000 Euro pro Kopf. | In Österreich lag die Staatsverschuldung Ende 2011 bei 214 Milliarden Euro, was einer Pro-Kopf-Verschuldung von rund 28 700 Euro entsprach | In der Schweiz waren es 209 Milliarden Franken, pro Kopf rund 26 900 Franken.[D4]

Die weltweiten Staatsschulden betrugen 2011 rund 50 Billionen Dollar, der größte Teil davon entfiel auf die USA und Europa. Binnen eines Jahrzehnts haben sich die Schulden mehr als verdoppelt, der Soziologe Ralf Dahrendorf spricht deshalb vom »Pumpkapitalismus«. Ausgewählte Länder geordnet nach Staatsverschuldung in Prozent des Bruttosozialprodukts: Japan (229%) | Griechenland (152%) | Italien (120%) | Irland (114%) | USA (100%) | Belgien (97%) | Portugal (91%) | Frankreich (88%) | Großbritannien (83%) | Kanada (83%) | Deutschland (81%) | Brasilien (66%) | Spanien (64%) | China (17%) | Russland (11%).[D5]

Schulden sind Umverteilungsmaschinen zugunsten der Besitzenden. Das Zinsniveau von Staatsanleihen und anderen Geldanlagen liegt zumeist über der Wachstumsrate, sodass die Besitzeinkommen schneller wachsen als die Gesamtwirtschaft. Deshalb muss ein ständig steigender Anteil der Staatseinnahmen für den Zinsendienst aufgewendet werden, die Verschuldung steigt und steigt. In den USA und Deutschland liegt die Verzinsung der Staatsanleihen allerdings momentan unter der Inflationsrate.[D6]

Wenn man die Schuldendienste der armen Länder an die reichen Staaten einrechnet, sind es die Armen, die den Reichen Entwicklungshilfe leisten. Ihr Zinsendienst liegt seit Jahrzehnten über den Beträgen, die sie als Entwicklungshilfe erhalten. Viele dieser Schulden sind illegitim: Sie entstanden etwa durch Luxusankäufe von Diktatoren oder Waffenlieferungen.[D7]

Einmal arm, immer arm: Der Ausstieg aus der Armut über Bildung gelingt wegen des selektiven deutschen Bildungswesens nur wenigen. Gerade einmal 10% der Lernenden an Gymnasien kommen aus Familien, in denen die Eltern einen Hauptschul- oder gar keinen Abschluss haben. [D8]

Sozial benachteiligte Kinder in Deutschland schneiden laut OECD schlechter in der Schule ab als in vielen anderen Ländern. Nur 23% aller 15-Jährigen aus sozial schwachen Familien schaffen es, gute Schulnoten zu erzielen; im Durchschnitt der OECD-Länder sind es 31%. Bloß 7 der 39 verglichenen Länder erreichen noch schlechtere Werte als Deutschland, unter ihnen Österreich. An der Spitze rangieren China, Korea, Finnland und Japan. In keinem anderen reichen Land ist laut OECD das Bildungsniveau in den letzten 50 Jahren »so außergewöhnlich langsam angestiegen« wie in Deutschland: Nur 26% der Menschen erwarben einen Hoch- oder Fachschulabschluss oder einen Meisterbrief. [D9]

Bildungs-Ranking der besten Grundschulen 2009 [D10]

1 Finnland
2 Belgien
3 Singapur
4 Schweiz
5 Barbados
6 Neuseeland
7 Irland
8 Zypern
9 Estland
10 Dänemark

Deutschland kam auf Platz **35.**

Tja Kinder,
so ist das
Leben.
WILDSCHWEIN BORSTE
BECK

Anteil der Bildungsausgaben am Bruttosozialprodukt 2007:

1 Timor-Leste (11%)
2 Lesotho (10%)
3 Guyana (7,8%)
4 Dänemark (7,8%)
5 Namibia (7,3%)
6 Island (7,2%)
7 Saudi-Arabien (7,2%)
8 Schweden (7,2%)
9 Barbados (7%)
10 Simbabwe (6,9%)

Das reiche Deutschland lag mit 4,4% auf Platz 56; inzwischen stiegen dort die Ausgaben aber auf 6,8% im Jahre 2009 an.[D11]

In Deutschland gibt es 7,5 Millionen funktionale Analphabeten – das sind mehr als 14% der Erwerbsfähigen. Solche Menschen können zwar teilweise einzelne Sätze lesen und schreiben, zusammenhängende Texte allerdings nicht. 2,3 Millionen – knapp 3% der Gesamtbevölkerung – können nur einzelne Wörter schreiben oder lesen. Männer schnitten beim Lesen insgesamt deutlich schlechter ab als Frauen. Jeder 4. Koch, Maler oder Lasterfahrer war ein funktionaler Analphabet, unter den Hilfsarbeitern auf dem Bau im Schnitt sogar jeder 2.[D12]

Weltweit zählte die UNO 2011 rund 793 Millionen erwachsene Analphabeten. Mehr als die Hälfte leben in den 4 bevölkerungsreichsten Ländern der Erde: China | Indien | Bangladesch und Pakistan. Fast 2/3 davon sind Frauen.[D13]

Der Wert der Renten in Deutschland ist seit 2001 real um 7% gefallen. Grund: Inflation und Sozialkosten steigen schneller als die Altersbezüge. Gleichzeitig nimmt die Altersarmut zu: Immer mehr alte und kranke Menschen sind auf staatliche Sozialleistungen angewiesen.[D14]

In Deutschland steigt die Zahl der Älteren, die arbeiten müssen oder auf Sozialleistungen angewiesen sind, weil ihre Rente nicht ausreicht. 2010 gingen rund 660 000 Menschen zwischen 65 und 74 Jahren einer geringfügigen Beschäftigung (Minijob) nach. Besonders grassiert die Altersarmut unter Frauen, die wegen der Betreuung ihrer Kinder nicht voll erwerbstätig waren und keine oder geringere Gehälter bezogen.[D15]

Private Rentensysteme sind unsicherer, ungerechter und wesentlich teurer als das öffentliche Umlageverfahren bei den gesetzlichen Renten. Die Gebühren für Banken und Versicherungen machen private Vorsorge kostspieliger als öffentliche. Viele Fonds haben höhere Verwaltungskosten als die öffentlichen Rentenkassen. Manche Pensionsfonds haben sich zudem in der Finanzkrise kräftig verzockt.[D16]

Bei der Rente subventioniert die Unterschicht die Elite. Männer mit weniger als 1 500 Euro brutto im Monat werden laut einer Studie des Gesundheitsexperten Karl Lauterbach im Schnitt nur 72 Jahre alt, Männer mit über 4 500 Euro dagegen fast 80. Sie beziehen also rund 8 Jahre länger Rente. Nur 79% der geringverdienenden Männer erreichen überhaupt das Rentenalter, bei den Einkommensstarken sind es hingegen 91%. In Schweden ist diese Kluft deutlich kleiner und beträgt nur 2 Jahre.[D17]

Das Statistische Bundesamt bezifferte den durchschnittlichen Unterschied in der Lebenserwartung zwischen Armen und Reichen sogar noch höher als Lauterbach, nämlich auf fast 11 Jahre bei den Männern und fast 9 Jahren bei den Frauen. Zudem ist der Gesundheitszustand von Armen in Deutschland wesentlich schlechter als der von Begüterten. Bei armen Männern ist das Krankheitsrisiko im Verhältnis zu reichen um den Faktor 2,7 erhöht.[D18]

Die Kosten für das öffentliche Gesundheitssystem in Deutschland steigen zwar in absoluten Zahlen, aber sie »explodieren« nicht. Im Verhältnis zur Wirtschaftsleistung bewegen sich die Ausgaben der gesetzlichen Krankenversicherung seit 1975 auf einem mehr oder weniger gleichbleibenden Niveau: um die 6% des Bruttoinlandproduktes. Trotzdem steigen die Beitragssätze der Krankenkassen, weil aufgrund sinkender Löhne die Lohnsumme zurückgeht und junge, gut verdienende, gesunde Singles, die die höchsten Beiträge liefern könnten, zu Privatversicherungen wechseln.[D19]

Millionen von Impfdosen gegen die Schweinegrippe wurden 2011 in Müllverbrennungsanlagen vernichtet. Mitte 2009 hatte die Weltgesundheitsorganisation unter dem Einfluss von Pharmalobbyisten die Schweinegrippe zur gefährlichen Pandemie erklärt. Die Bundesländer hatten rund 34 Millionen Impfdosen im Wert von rund 250 Millionen Euro angelegt, davon blieben aber fast 29 Millionen übrig, weil sich nur wenige gegen die vergleichsweise harmlose Krankheit impfen lassen wollten. Die Bundesländer blieben auf Kosten von 239 Millionen Euro sitzen.[D20]

An der Spitze der Arbeitsunfähigkeitsstatistik deutscher Krankenkassen stehen Erwerbslose, die 2- bis 4-mal so oft krank sind wie Erwerbstätige. Danach kommen Beschäftigte in der Chemie- und Kunststoffbranche. Am häufigsten erkranken Menschen in Deutschland an psychischen Leiden, es folgen Ernährungs- und Stoffwechselkrankheiten sowie Muskel-Skelett-Leiden. Schreibende oder künstlerisch tätige Menschen sind am seltensten krank.[D21]

Placebo-Behandlungen sind nach einer Studie im New England Journal of Medicine zum Beispiel bei Asthma fast genauso wirksam wie echte Medikamente. Die Forscher behandelten rund 40 Patienten mit echten und mit Schein-Medikamenten. Im Anschluss maßen sie, wie viel Luft die Betroffenen in einer Sekunde ausatmen können, und fragten nach deren Wohlbefinden. Ergebnis: Das subjektive Befinden hatte sich bei allen Probanden um 40–50% verbessert, egal ob sie mit echten oder mit Schein-Medikamenten behandelt worden waren. Die Atmungsfähigkeit verbesserte sich mit Asthmamittel um etwa 20% und ohne Mittel um 7%.[D22]

Fast 97% aller Masthähnchen in Nordrhein-Westfalen bekommen Antibiotika. Dadurch mehren sich multiresistente Erreger, die nicht mehr durch Antibiotika bekämpft werden können, wenn sie Menschen befallen. Damit infizieren sich in Deutschland pro Jahr mindestens 600 000 Personen – viele davon in Krankenhäusern. Rund 15 000 sterben jährlich an bakteriellen Infektionen, etwa 1 500 an der Spezialform MRSA. In niederländischen Kliniken liegt die MRSA-Quote dank konsequenter Hygienemaßnahmen wesentlich niedriger.[D23]

Jährlich sterben rund 17 Millionen Menschen an behandelbaren Krankheiten, weil ihnen Geld fehlt. Jede Minute erliegen 32 Menschen einem vermeidbaren Tod.[D24]

In Entwicklungsländern ist ein Großteil aller Medikamente gefälscht, besonders jene mit hohen Preisen und Umsätzen. Das meistgefälschte Präparat ist nach Angaben der Weltgesundheitsorganisation das Potenzmittel Viagra. Es folgen lebensrettende Arzneien etwa gegen Malaria, Tuberkulose und HIV/Aids, Antibiotika und Chemotherapiemittel.[D25]

Etwa die Hälfte aller international zugelassenen Medikamente ist pflanzlichen Ursprungs, rund 3/4 aller Bundesbürger wenden Naturheilmittel an. In 1 400 Tropenpflanzen wurden bisher mögliche Wirkstoffe gegen Krebs entdeckt. Die Tropenwaldvernichtung gefährdet jedoch potenzielle Heilpflanzen – und kranke Einheimische: Ungefähr 80% der Bevölkerung in Entwicklungsländern sind von traditioneller Medizin und Naturheilmitteln abhängig.[D26]

Erhöhung der Steuerquote und Besteuerung der Reichen. Läge die Steuerquote in Deutschland heute noch bei 24,5% wie 1980, wäre die Schuldenkrise wesentlich geringer ausgefallen.[D27]

Faire und transparent geregelte Insolvenzverfahren für überschuldete Staaten, bei denen die Bevölkerung des Schuldnerlandes und ihre Grundversorgung geschützt sind und die Kreditgeber an den Kosten der Krise beteiligt werden.

Gut funktionierende Bildungssysteme kommen der gesamten Wirtschaft und Gesellschaft zugute und fördern Wohlstand und Wohlergehen. Laut einer Studie der Stadt Zürich fließen für jeden in Ganztagsbetreuung und -schulen investierten Franken 3–4 Franken an die Gesellschaft zurück: Eltern können mindestens halbtags arbeiten und zahlen Steuern | Firmen verfügen über mehr qualifizierte Arbeitskräfte | Kinder werden früher gefördert und haben später Chancen auf höhere Lebenseinkünfte.[D28]

Hohe Bildungsabschlüsse bringen laut OECD-Bildungsbericht von 2011 sowohl Individuen als auch Gesellschaften Vorteile. Menschen mit höherer Bildung sind weniger oft erwerbslos, verdienen mehr, sind zufriedener, häufiger ehrenamtlich tätig und beteiligen sich stärker an Wahlen. Ein Mensch mit hohem Abschluss bringt dem deutschen Staat über Steuern und Abgaben rund 124 000 Euro mehr ein, als seine Ausbildung gekostet hat. Gute Bildungsangebote verringern zudem die Gefahr von Gewalt und bewaffneten Konflikten.[D29]

Bei einem gerechten Rentensystem würden alle gleichberechtigt in die Rentenkasse einzahlen. Die Privilegien für Staatsdiener würden reduziert oder abgeschafft und die Renten nach oben gedeckelt. So ähnlich funktioniert auch das Rentenmodell der Schweiz.

Ein solidarisches Gesundheitssystem käme ohne verschiedene »Kassen-Klassen« und ohne Lobbyvertreter der Pharmaindustrie in den Beratungsgremien aus.

5 GESCHLECHTERBESCHISS

Bastian Schweinsteiger, Fußballnationalspieler im Mittelfeld, verdient Schätzungen zufolge mehr als 13 Millionen Euro an Gehalt und Werbeeinnahmen pro Jahr, bei Mittelfeld-Nationalspielerin Kim Kulig sind es nur ungefähr 60 000 Euro. Schweinsteiger kassiert also etwa 230-mal so viel wie Kulig und verdient in rund anderthalb Tagen, was Kulig im Jahr bekommt. [E1]

Das ist sicherlich ein extremer Fall von »Geschlechterbeschiss«. Aber allem Gerede über Gleichstellung zum Trotz verdienen Frauen in Deutschland bei gleichartiger Qualifikation knapp 1/4 weniger als Männer, ihr Bruttostundenverdienst ist im Schnitt um 23% geringer. In Spitzenpositionen bekommen sie sogar nur etwa die Hälfte – und sind dort kaum vertreten. Dafür leisten sie mehr unbezahlte Arbeit, indem sie sich um Haushalt, Kinder, alte und kranke Familienangehörige kümmern.

Auch Männer möchten laut Umfragen gerne mehr Zeit für ihre Kinder haben, werden aber durch verständnislose Vorgesetzte und familienfeindliche Strukturen in ihren Betrieben daran gehindert. Dabei belegen viele Studien weltweit: Traditionelle Strukturen schaden auch den Männern, und eine faire Aufteilung zwischen Beruf und Familie nutzt ihnen genauso wie den Frauen. Die Gleichheit der Geschlechter, das zeigt sich in Skandinavien und anderswo, verhilft dem männlichen Geschlecht zu mehr Lebensqualität, weniger Stress und größeren persönlichen Entwicklungsmöglichkeiten. Männer erleben dort im Schnitt weniger Gewalt, sind gesünder und leben mehrere Jahre länger als hierzulande. Das liegt weniger an der gesunden skandinavischen Fischkost als am besseren Machtgleichgewicht zwischen Männern und Frauen.

In Deutschland sind erschreckend viele Kinder und Jugendliche von Armut und Gewalt bedroht. Auch Heranwachsenden geht es in vergleichsweise egalitären Gesellschaften besser als in unserer.

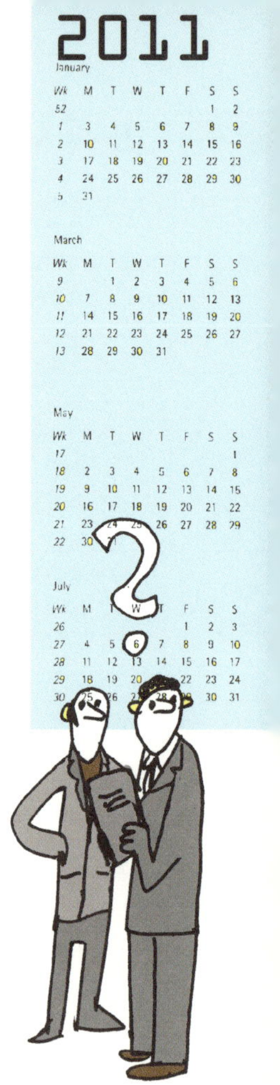

Frauen in Deutschland verdienen durchschnittlich 23% weniger als Männer. Sie müssen etwa also drei Monate länger arbeiten, um gleich viel Geld auf dem Konto zu haben. Umgerechnet auf das Arbeitsjahr 2011 hätten Frauen vom 1. Januar 2011 bis zum 23. März 2012 arbeiten müssen, um dasselbe wie Männer zu verdienen (»Equal Pay Day«).[E2]

70% der erwerbstätigen Mütter in Deutschland arbeiten in Teilzeit, aber nur 5% der erwerbstätigen Väter. Ungefähr jede 8. erwerbstätige Frau hat einen Minijob, bei dem sie nur minimale Rentenansprüche erwirbt. Folge: Im Alter oder bei Scheidung droht Armut. Eine Sachverständigenkommission, die 2011 im Auftrag des Bundesfamilienministeriums den ersten Gleichstellungsbericht erstellt hat, forderte deshalb, die steuerliche Förderung von Minijobs aufzugeben.[E3]

53% der arbeitenden Frauen weltweit sind laut UN Women in prekären Jobs beschäftigt, oft ohne Schutz durch Arbeitsgesetze – zum Beispiel als kleine Selbstständige oder Straßenverkäuferinnen.[E4]

2012
31
23
Juhu!

Das Bruttosozialprodukt eines durchschnittlichen Industrielandes würde sich um 30–50% erhöhen, wenn die mehrheitlich von Frauen geleistete unbezahlte Arbeit in dessen Berechnung miteinflösse. In Deutschland arbeiteten Frauen und Männer 2009 im Schnitt 3,6 Stunden täglich unbezahlt für Haushalt und Familie – Frauen rund 100 Minuten länger als Männer. Etwa doppelt so viele Frauen wie Männer übernahmen das Kochen und 3-mal so viele das Putzen.[E5]

Nur 19% der deutschen Männer wollen sich laut der Studie »Männer in Bewegung« gleichberechtigt mit ihrer Partnerin Küche und Karriere teilen. 25% sind »Teiltraditionelle«, die weitgehend bei der herkömmlichen Arbeitsteilung der Geschlechter bleiben wollen. Da es jedoch unter den Frauen nur noch 13% gibt, die ebenso traditionell denken, finden solche Männer immer weniger gleich gesinnte Frauen. Fast 2/3 dieser »teiltraditionellen« Männer haben eine hohe Gewaltakzeptanz: Sie sind der Ansicht, »die weiße Rasse« sei anderen Rassen überlegen, Kinder dürften geschlagen werden, damit sie zur Vernunft kämen, oder Frauen, die vergewaltigt wurden, hätten im Zweifelsfall den Täter provoziert.[E6]

Mehr als 3/4 der Eltern kleinerer Kinder in Deutschland finden laut »Monitor Familienleben 2011«, dass die Arbeitswelt zu wenig Rücksicht auf das Familienleben nimmt. Gut 2/3 meinen, dass sich Familie und Beruf »nicht so gut vereinbaren« lassen. Nur 5% glauben, dass Betriebe genug für eine bessere Vereinbarkeit tun.[E7]

Über die Hälfte der Abiturienten in Deutschland ist inzwischen weiblich, bei den türkischstämmigen sogar 2/3. 51% derjenigen, die 2010 ihr Studium abschlossen, waren Frauen. Bei den Promovierten betrug ihr Anteil nur noch 44%, bei den Habilitierten 24%, bei den Professuren 18% und auf den höchstbesoldeten C4-Professuren 10%. Auf allen Ebenen gehen hoch qualifizierte Frauen verloren.[E8]

In nur 8% aller Länder (24 von 193 Staaten) erreichten Frauen 2011 die »kritische Masse« von 30% im Parlament. Unterhalb dieses Schwellenwerts ist nach Ansicht von Organisationssoziologen der Einfluss der betreffenden Gruppe oft kaum mehr messbar. Der weltweite Durchschnitt von Frauen in nationalen Parlamenten betrug aber bloß 19,3%.[E9]

In 113 Ländern werden Jungen bei der Schulbildung bevorzugt. Es würde jährlich etwa 3 Milliarden Dollar kosten, in den weiterführenden Schulen Mädchen auf den gleichen Level zu heben wie Jungen. Das entspricht ungefähr den Kosten, die das US-Militär in anderthalb Tagen verursacht.[E10]

Parlamente ohne weibliche Abgeordnete im Jahre 2011:

Belize | Mikronesien | Nauru | Palau | Salomon-Inseln | Tuvalu | Oman | Katar | Saudi-Arabien

Parlamente mit den meisten weiblichen Abgeordneten:

Ruanda (56,3% der Sitze) | Schweden (45%) | Südafrika (44,5%) | Kuba (43,2%) | Island (42,9%) | Niederlande (40,7%) | Finnland (40%) | Norwegen (39,6%) | Belgien (39,3%) | Mosambik (39,2%).

Deutschland liegt auf Platz 19 (32,8%) | die Schweiz auf Platz 26 (29%) | Österreich auf Platz 28 (27,9%).[E11]

Frauen produzieren weltweit rund 70% der globalen Nahrungsmittel, verrichten 60% aller anfallenden Arbeiten, erhalten aber nur 10% des globalen Einkommens. 3/4 aller Frauen und Mädchen erleiden im Laufe ihres Lebens Gewalt und / oder sexuelle Übergriffe.[E12]

TOP 11 MÄCHTIGSTE FRAUEN DER WELT

[laut Forbes-Liste von 2011][E13]

1
Angela Merkel
Bundeskanzlerin
Deutschland

4
Indra Nooyi
Chefin von Pepsi-Cola
USA

5
Sheryl Sandberg
Ko-Chefin von Facebook
USA

8
Michelle Obama
First Lady
USA

9
Christine Lagarde
Chefin des Weltwährungsfonds
Frankreich

2
Hillary Clinton
Außenministerin
USA

3
Dilma Rousseff
Präsidentin
Brasilien

6
Melinda Gates
Ko-Chefin der Gates-Stiftung
USA

7
Sonia Gandhi
Chefin der Nationalen Kongresspartei
Indien

10
Irene Rosenfeld
Chefin von Kraft Foods
USA

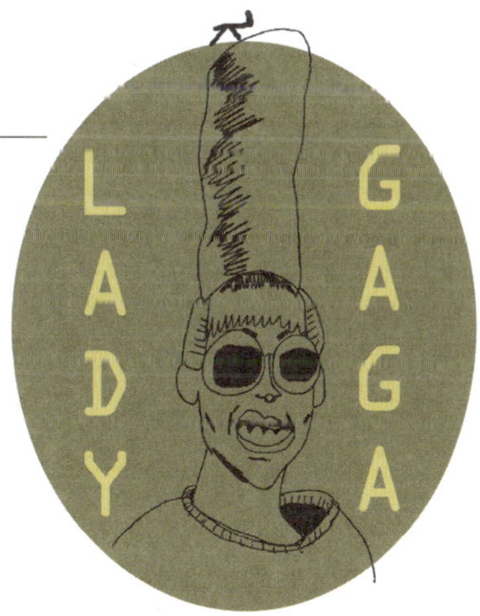

11
Lady Gaga
Entertainerin
USA

Ungefähr jede 3. Ehe in der Bundesrepublik wird irgendwann geschieden, durchschnittlich nach etwa 14 Jahren Dauer. Laut Statistischem Bundesamt beantragen in knapp 53% der Fälle die Frauen und in knapp 39% der Fälle die Männer die Scheidung, bei den restlichen Fällen beide. Etwa die Hälfte der geschiedenen Paare hat mindestens 1 Kind unter 18 Jahren.[E14]

Die Entrechtung von Frauen ist Mitverursacher von Hunger: In Ländern mit hoher weiblicher Analphabetenrate und einem starken Gefälle zwischen den Geschlechtern leiden mehr Menschen an Hunger als in Ländern mit größerer Gleichberechtigung, fand das Washingtoner International Food Policy Research Institute heraus.[E15]

Island, Norwegen, Finnland und Schweden sind die Länder mit dem geringsten Gefälle zwischen Männern und Frauen. Zu diesem Ergebnis kam der Gender Gap Report 2010 des Weltwirtschaftsforums, der unter anderem die ökonomische Partizipation von Frauen, ihre Bildung, Lebenserwartung und politische Beteiligung in Parlament und Regierung misst. Die Länder mit der größten Geschlechterkluft waren nach diesen Kriterien: Jemen | Tschad | Pakistan | Mali | Elfenbeinküste und Saudi-Arabien. In 86% der untersuchten 134 Staaten hat sich in den letzten 5 Jahren der Abstand zwischen den Geschlechtern verkleinert | bei 14% wurde er größer – darunter Deutschland.[E16]

US-Männer werden häufig nach der Scheidung dicker. Frauen hingegen legen eher nach der Hochzeit an Gewicht zu, so eine Studie der US-Universität in Columbus, Ohio.[E17]

Dem Patriarchat fallen vor allem Männer zum Opfer: Je ausgeprägter es ist, desto früher sterben Männer im Vergleich zu Frauen. In vergleichsweise egalitären Ländern wie Island oder Schweden aber nähern sich die Lebensspannen der Geschlechter einander an. Männer sterben dort seltener durch Rauchen, Alkohol, Unfälle oder Selbstmord, weil sie mehr Verantwortung für die Familie übernehmen und weniger sinnlose Risiken eingehen. In Deutschland und Österreich hingegen leben Männer im Schnitt 6 Jahre kürzer als Frauen, in Frankreich 8 und in Russland sogar 13 Jahre.[E18]

Männer sterben weltweit wesentlich öfter als Frauen an Mord, Selbstmord, Unfällen, Gewalt, Krebs, Alkohol- oder Drogenmissbrauch sowie an allgemeinem Risikoverhalten und weil sie nicht zum Arzt oder Psychologen gehen. Hierzulande sind 2/3 aller Notfallpatienten, 3/4 aller Selbstmörder, 4/5 aller Suchtkranken und 9/10 aller Häftlinge in Strafanstalten männlich.[E19]

Etwa 20% der russischen Männer sterben an den Folgen von Alkoholmissbrauch, nach einer anderen Studie ist es sogar die Hälfte der Männer zwischen 15 und 54 Jahren. Jeder Russe schluckt durchschnittlich 18 Liter reinen Alkohol im Jahr. Grund ist der verbreitete Glaube, dass Trinken zum Mannsein dazugehöre. Dabei ist das Gegenteil richtig: Alkohol verursacht Impotenz, Fruchtbarkeitsstörungen und eine abnehmende Testosteronproduktion.[E20]

Täter sind meist männlich, Opfer aber auch: Rund 75% aller Tatverdächtigen in Deutschland sind laut Polizeilicher Kriminalstatistik Männer, bei Gewaltakten sind es rund 90%. Bei Mord und Totschlag, Raub und Körperverletzung sind die meisten Opfer männlich. Nur sexuellen Gewaltakten fallen vor allem Frauen und Mädchen zum Opfer.[E21]

Die am stärksten tabuisierte Form von Gewalt ist sexuelle Gewalt von Männern gegen Männer. In den USA sind bis zu 1/5 der männlichen Häftlinge sexuellen Gewaltakten ausgesetzt. In iranischen Gefängnissen werden Oppositionelle brutal vergewaltigt. Eine repräsentative anonyme Befragung in Südafrika brachte zutage, dass etwa 10% aller Männer Opfer von sexueller Gewalt geworden waren. In Kriegen, etwa in der Republik Kongo oder in Ex-Jugoslawien, wurden neben Frauen auch viele Männer vergewaltigt und sexuell gefoltert.[E22]

Indische Männer stehen an der Spitze eines inoffiziellen Macho-Rankings. Fast jeder 4. (24%) gab in einer Umfrage zu, schon mal sexuelle Gewalt ausgeübt zu haben. 37% bekannten, körperliche Gewalt gegen ihre Frau angewandt zu haben. 81% glaubten: »Der Mann sollte das letzte Wort bei Entscheidungen haben.« Für die Studie »Images« waren Männer und Frauen in Brasilien, Chile, Indien, Kroatien, Mexiko und Ruanda befragt worden.[E23]

Jeder 4. südafrikanische Mann hat nach einer anonymen Befragung mindestens 1-mal im Leben eine Frau vergewaltigt. Das Land weist weltweit die höchste Vergewaltigungsrate und die höchste Aids-Ansteckungsrate auf – beide Epidemien sind miteinander verknüpft und mit Gewalterfahrungen im rassistischen Apartheidregime verwoben.[E24]

Weltweit haben Millionen von Frauen keinen Zugang zu Verhütungsmitteln; etwa 40% der Schwangerschaften sind ungeplant. Geberländer sehen in ihrem Etat für Familienplanung in Burundi 3 Kondome pro Kopf und Jahr vor, im Sudan 1.[E25]

Die für Frauen gefährlichsten Länder der Welt sind: Afghanistan | DR Kongo | Pakistan | Indien und Somalia. Das ergab eine weltweite Studie der Stiftung TrustLaw, die 213 Frauenrechtsexpertinnen aus 5 Kontinenten befragt hatte. Afghanistan ist demnach wegen der Kombination von kultureller Unterdrückung und Krieg der weltweit gefährlichste Platz für Frauen | Im Kongo ist sexuelle Gewalt das größte Problem | In Pakistan werden Säureattacken gegen Frauen, Zwangshochzeiten oder Blutrache praktiziert | In Indien werden Mädchen schon als Föten abgetrieben oder als Kleinkinder getötet | In Somalia zählen Müttersterblichkeit, Vergewaltigung und Genitalverstümmelung zu den größten Gefahren für Frauen und Mädchen.[E26]

Jede Sekunde wächst die Menschheit um durchschnittlich 2,6 Menschen. Beinahe jede Minute stirbt weltweit eine Frau an Komplikationen bei der Schwangerschaft oder Geburt – davon 99% in armen Ländern.[E28]

Mindestens 100 Millionen Frauen gelten nach Berechnungen des Nobelpreisträgers Amartya Sen von 1990 als »vermisst«: Mädchen werden als »minderwertig« angesehen und deshalb schon im Mutterleib abgetrieben oder nach der Geburt getötet. UN-Forscher schätzen die Zahl der »Vermissten« inzwischen sogar auf rund 200 Millionen – vor allem in Afghanistan, Indien, Bangladesch und China. 2008 kamen in Indien auf 100 neugeborene Mädchen 113 Jungen, in China waren es sogar 119.[E27]

Mehr als 1 Million Kinder und Jugendliche in Deutschland erleiden nach Angaben des Deutschen Kinderschutzbundes in ihrem Leben Gewalt und Misshandlungen durch ihre Eltern.[E29]

6,4% aller befragten Frauen und 1,3% aller befragten Männer in Deutschland gaben 2011 an, bis zum 16. Lebensjahr sexuell missbraucht worden zu sein. Dem Kriminologischen Forschungsinstitut Niedersachsen zufolge ging die Zahl zurück; 1992 hatten 8,6% der Frauen und 2,8% der Männer von sexuellem Missbrauch berichtet. Heimbewohner, Gefangene, Psychiatrisierte und Obdachlose wurden allerdings nicht befragt.[E30]

Unzählige Krippen- und Kindergartenplätze fehlen, obwohl Eltern in Deutschland seit einem Urteil des Bundesverfassungsgerichts von 1996 einen Rechtsanspruch auf einen (Halbtags-) Kitaplatz haben. 2010 lag die Betreuungsquote von Kleinkindern unter 3 Jahren bei 23%, von 3- bis 6-Jährigen bei 92%. 10 von 16 Bundesländern werden ihr Ausbauziel bis 2013 nur knapp oder gar nicht erreichen.[E31]

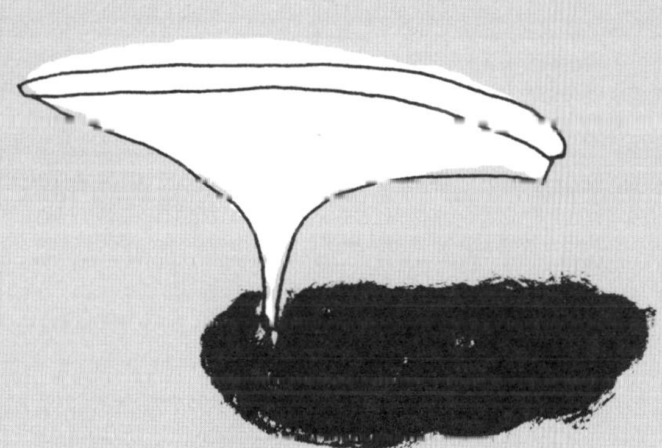

Rund 15% der Minderjährigen in Deutschland sind laut Datenreport 2011 armutsgefährdet. Das Armutsrisiko einer Familie steigt mit jedem weiteren Kind.[E32]

Den Ärmsten in Deutschland, nämlich Sozialhilfeempfängern, wurde das Elterngeld ab 1. Januar 2011 gestrichen. Geschätzte Einsparung: rund 430 Millionen Euro. Eltern, die mehr als 1 200 Euro verdienen, erhalten nach der Geburt eines Kindes weiterhin ein – minimal gekürztes – Elterngeld in Höhe von 65% ihres Gehaltes.[E33]

Die Jugenderwerbslosigkeit lag Mitte 2011 in der EU im Schnitt bei 20%. In Spanien betrug sie sogar über 46% | in Griechenland über 38% | in Litauen gut 33% | in der Slowakei knapp 33% | in Lettland knapp 30% | in Irland über 28% | in Italien fast 28% | in Portugal gut 27%. In Deutschland lag sie bei fast 10% | in Österreich bei knapp 8%.[E34]

Weltweit sind etwa 317 Millionen Kinder zwischen 5 und 14 Jahren erwerbstätig. Rund 126 Millionen Mädchen und Jungen stecken nach Schätzung der UN-Arbeitsorganisation ILO in ausbeuterischen Arbeitsverhältnissen und müssen Tätigkeiten verrichten, die schädlich für ihre Sicherheit, ihre körperliche oder seelische Gesundheit und ihre Entwicklung sind. Etwa 70% der Kinder arbeiten in den Sektoren Landwirtschaft, Bergbau und Bau.[E35]

Geschlechtergleichheit ist ein Schlüsselfaktor für Wohlstand, Entwicklung und persönliches Glück. Studien in Skandinavien ergaben: Wenn ein Paar eine gute Balance zwischen Arbeit und Familie aushandelt, hat das positive Effekte auf die Gesundheit und das Glücksgefühl aller Familienangehörigen – von Müttern, Vätern und Kindern.[E36]

Mädchenbildung ist das beste Verhütungsmittel. Je länger Mädchen zur Schule gehen, desto stärker sinkt die Geburtenrate.[E37]

Grundschulbildung für Mädchen, so eine Studie des Berlin-Instituts für Bevölkerung und Entwicklung, sei »der Schlüssel für eine nachhaltige wirtschaftliche Entwicklung, die Verringerung der Armut, die Gleichstellung der Geschlechter und die Verlangsamung des Bevölkerungswachstums«. Gebildete Frauen haben weniger Kinder, ernähren diese besser und kümmern sich mehr um deren Gesundheit und Bildung.[E38]

Das Patriarchat ist ungesund, **Gleichberechtigung aber steigert die Gesundheit aller.** Skandinavische Männer leben länger und sind zufriedener als ihre Geschlechtsgenossen anderswo.[E39]

Gleichberechtigung macht Gesellschaften friedlicher. Die US-Konfliktforscherin Mary Caprioli fand in mehreren Studien heraus: Staaten sind friedlicher, wenn viele Frauen in ihren Parlamenten vertreten sind, wenn Frauen schon lange das Wahlrecht haben, ein hoher Prozentsatz von ihnen bezahlt arbeitet und die Geburtenrate niedrig ist.[E40]

Eine gut ausgebaute öffentliche Kinderversorgung kommt allen zugute – und besonders Problemfamilien. In den USA erzielte jeder in Vorschulprogramme investierte Dollar laut Perry Preschool Project einen Nutzen von etwa 7 Dollar. Kinder aus sozialen Unterschichten, die an hochklassigen Vorschulprogrammen teilgenommen hatten, waren später viel weniger kriminell auffällig und hatten höhere Einkommen.[E41]

6 MIGRATIONSBESCHISS

Die Finanzkrise von 2008 war noch nicht ausgestanden, da veröffentlichte ein Bankier ein Buch, um Missstände anzuprangern. Die Gier der Spekulanten? Nicht doch. Es ging Thilo Sarrazin um die moslemischen Migranten, die mit »ständig neuen kleinen Kopftuchmädchen« und quasi genetisch vererbter Dummheit dazu beitrügen, dass Deutschland »sich abschafft«.

Vor allem karrierebewusste Männer, die in der Krise Angst vor einem Statusabsturz entwickelten, klatschten begeistert. Hier zeigte einer auf Minderprivilegierte, um von den eigenen Privilegien abzulenken. Es ist ein uralter Trick, und flankiert von interessierten Boulevardmedien funktioniert er immer wieder, ob in Deutschland, in Österreich, der Schweiz oder den USA: In der von Reichen verursachten Krise sollen Arme die Sündenböcke spielen. Der biblische Hohepriester machte die Sünden des Volkes Israel öffentlich, übertrug sie auf den Ziegenbock, der wurde dann in die Wüste gejagt.

Ja, natürlich gibt es hierzulande Integrationsprobleme und furchterregend fundamentalistische Moslems. Aber sie sind eine sehr kleine Minderheit. Muslime in Deutschland sind mehrheitlich gut integriert, sie lehnen Gewalt stärker ab als Urdeutsche, sie sind gegenüber dem deutschen Staat sogar loyaler als Alteingesessene. Türkische Schülerinnen sind bildungseifriger als deutsche, Frauen tragen heute seltener Kopftücher und nicht häufiger. Doch Sarrazin blieb bei seinem Horrorszenario. Niemand könne ihm Fehler nachweisen, allein er habe Recht, behauptete er.

Der schrille Ton der Diskussion zeigte deutlich, dass es ums Hassen und Hassendürfen ging (»Man wird ja wohl mal sagen dürfen ...«), nicht um Integrationsprobleme. Wäre Letzteres der Fall gewesen, dann hätte man schlechte und gute Beispiele in Schulen, Stadtteilen und Betrieben sachlich analysiert. Das Schlimmste aber war, dass die Debatte kaputt machte, was es an gelungener Integration längst gab. Auch die Integrierten fühlten sich diskriminiert und gezwungen, den Islam zu verteidigen, obwohl ihnen oft gar nicht danach zumute war. Andere – vor allem hoch qualifizierte Fachkräfte – kehrten Deutschland ganz den Rücken. Sarrazin habe Deutschland ein »doppeltes Eigentor« erwiesen, urteilen Fachleute.

Wenn man sie wirklich will, funktioniert Integration ziemlich einfach. Wichtig sind kreative Verbesserungen im Bildungsbereich und in der Infrastruktur von Stadtteilen sowie die Schaffung von Begegnungen. Die wichtigste Zutat ist: gegenseitiger Respekt.

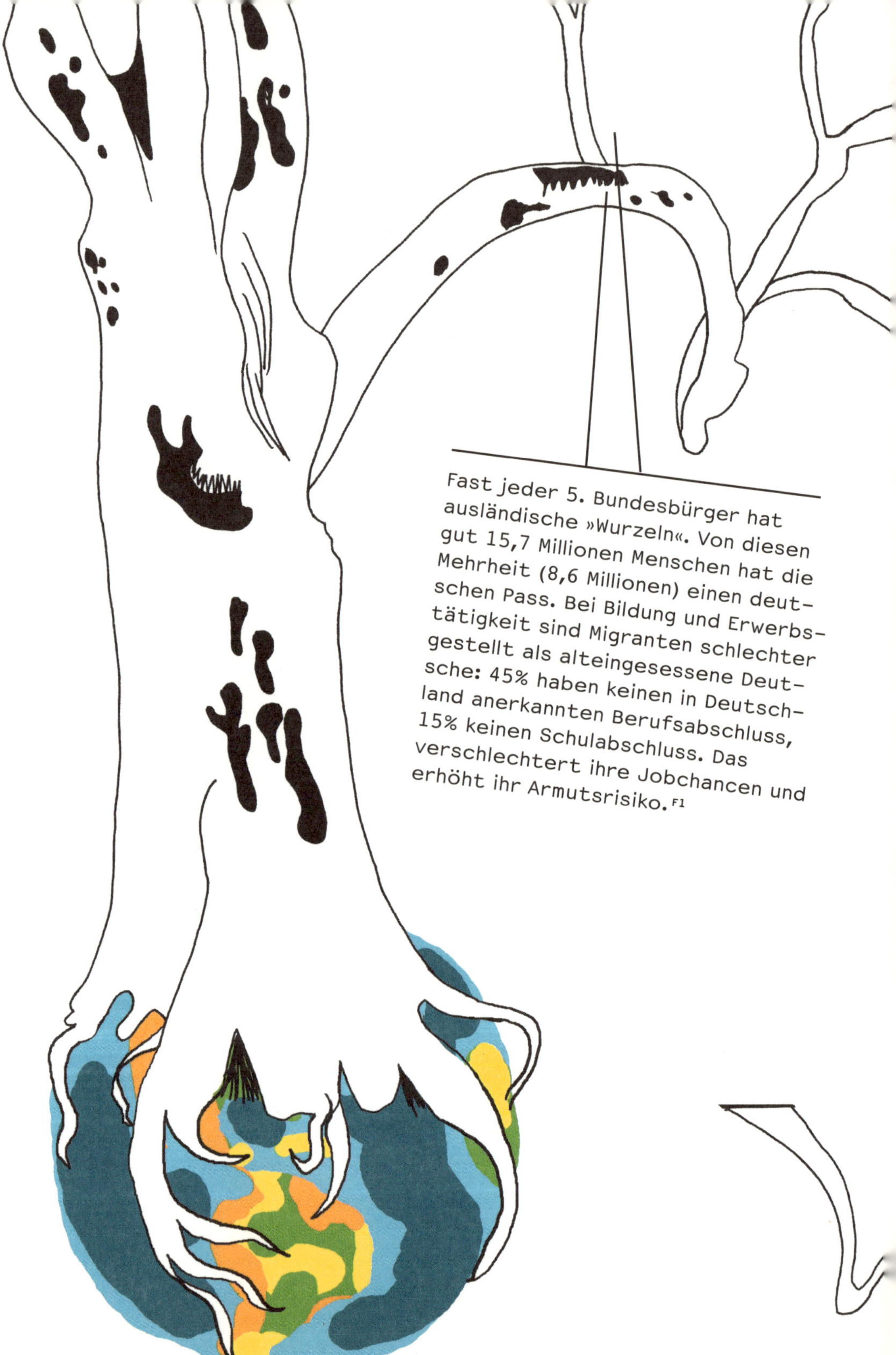

Fast jeder 5. Bundesbürger hat ausländische »Wurzeln«. Von diesen gut 15,7 Millionen Menschen hat die Mehrheit (8,6 Millionen) einen deutschen Pass. Bei Bildung und Erwerbstätigkeit sind Migranten schlechter gestellt als alteingesessene Deutsche: 45% haben keinen in Deutschland anerkannten Berufsabschluss, 15% keinen Schulabschluss. Das verschlechtert ihre Jobchancen und erhöht ihr Armutsrisiko.[F1]

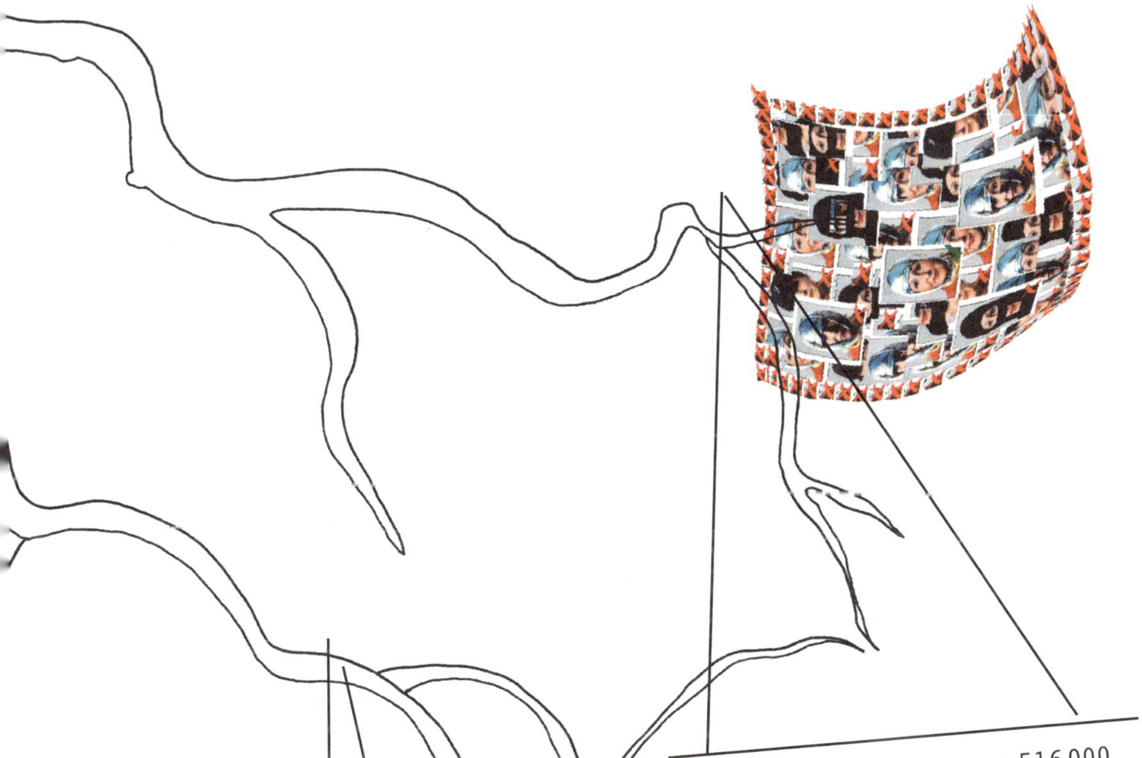
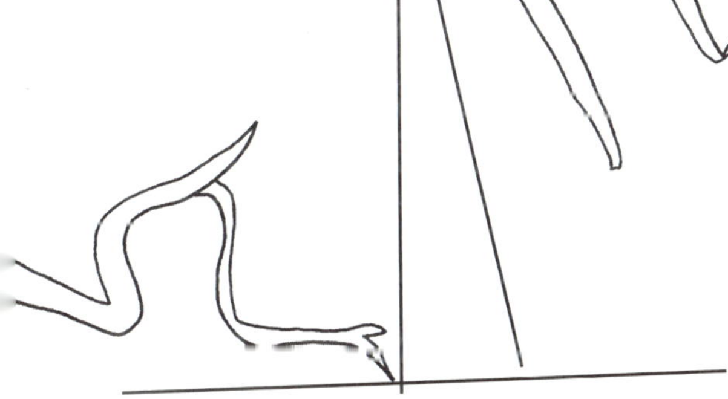

In Deutschland leben schätzungsweise 4 Millionen Muslime, das sind rund 4,9% der Bevölkerung – die genaue Zahl ist unbekannt, da es kein »Islamregister« gibt. Geschätzte 14% der Muslime besuchen regelmäßig eine Moschee. Knapp 1%, rund 37 000 Personen, gelten als Islamisten, die ein Kalifat auf Basis der Scharia anstreben. Etwa 300, das sind 0,0075% aller hiesigen Moslems, stuft der Verfassungsschutz als gewaltbereite Dschihadisten und »Gefährder« ein.[F2]

In Österreich leben knapp 516 000 Muslime, was 6,2% der Bevölkerung entspricht. In der Schweiz gibt es gut 440 000 Moslems, rund 5,8% der Bevölkerung. 57% der Schweizer sprachen sich Ende 2009 in einer Volksabstimmung gegen den Bau von Minaretten aus; die stärkste Ablehnung kam aus ländlichen Regionen mit der geringsten Zahl an Moslems und Minaretten.[F3]

Die große Mehrheit der in Deutschland lebenden Muslime denkt liberal und ist gut integriert. Laut der 2009 veröffentlichten Umfrage »Muslimisches Leben in Deutschland« des Bundesamtes für Migration und Flüchtlinge tragen 70% der Musliminnen – auch diejenigen, die sich als »stark gläubig« bezeichnen – nie ein Kopftuch; das Kopftuchtragen nimmt in der zweiten Einwanderergeneration ab. 93% der moslemischen Schülerinnen beteiligen sich am Schwimmunterricht, 90% an Schulfahrten. Knapp die Hälfte der Moslems hat die deutsche Staatsbürgerschaft, mehr als die Hälfte ist in einem deutschen Verein organisiert.[F4]

Muslime lehnen Gewalt als politisches Mittel stärker ab als Nichtmuslime – das ist das Ergebnis einer 2008 veröffentlichten weltweiten Gallup-Umfrage unter rund 50 000 Muslimen. In Berlin verurteilten 94% der befragten Moslems Gewalt, aber nur 75% der Nichtmoslems, in London waren es 81% zu 72%. Der typische Moslem wünscht sich nicht den Dschihad, sondern einen besseren Job. In den USA glaubten nur 46% der vorwiegend christlichen Gesamtbevölkerung, dass »Bomben und andere Attacken auf Zivilisten niemals gerechtfertigt sind«, in Indonesien waren 74% der Muslime dieser Meinung.[F5]

Deutsche verbinden mit dem Islam laut einer Umfrage von 2010 vor allem Frauendiskriminierung (über 80% der Befragten), Fanatismus (über 70%), Gewaltbereitschaft (über 60%). Nur 34% der West- und 26% der Ostdeutschen denken mehrheitlich positiv über Muslime, während es in den Niederlanden 62% sind, in Frankreich 56% und in Dänemark 55%. Die Zustimmung zum Bau von Minaretten und zur Einführung muslimischer Feiertage liegt in Westdeutschland bei weniger als 30%, in Ostdeutschland bei unter 20%, in Dänemark bei mehr als der Hälfte, in Frankreich und den Niederlanden bei etwa 2/3 und in Portugal bei fast 3/4 der Befragten.[F6]

Muslime sind gegenüber dem deutschen Staat loyaler eingestellt als alteingesessene Deutsche. 40% von ihnen identifizieren sich laut Gallup-Koexistenz-Index 2009 mit Deutschland, die Gesamtbevölkerung tat dies nur zu 32%. 73% der Muslime, aber nur 49% der Gesamtbevölkerung vertrauten der hiesigen Justiz – nach Bekanntwerden der Mordserie von Zwickauer Neonazis dürfte die Rate aber gesunken sein. 61% der Moslems, aber nur 36% der Gesamtbevölkerung vertrauten der Bundesregierung.[F7]

Rechtsextreme und rechtspopulistische Einstellungen sind in Deutschland laut einer Studie der Friedrich-Ebert-Stiftung weitverbreitet – in der Unterschicht, aber auch in der Mitte der Gesellschaft. Ausländerfeindlichen Parolen stimmten 35% der befragten Ostdeutschen und fast 25% der befragten Westdeutschen zu. Antisemitische Einstellungen teilten 7% der Ostdeutschen und 9% der Westdeutschen. Dass das eigene Volk anderen Völkern überlegen sei, glaubten fast 20% der Befragten in Ost und West. Über 13% aller Befragten fänden einen »starken Führer« gut, fast 24% eine starke Partei, »die die Volksgemeinschaft insgesamt vertritt«. Am geringsten waren die Zustimmungen bei Sympathisanten von Grünen und Linken – wobei auch die Linken-Anhänger zu über 25% ausländerfeindlichen Parolen beipflichteten.[F8]

Mindestens 148 Menschen, darunter mindestens 52 Ausländer, sind seit der Wiedervereinigung durch rechtsradikale Gewalttäter ermordet worden; nach Zählung der Antonio-Amadeu-Stiftung sind es sogar 182. Allein die 13 Jahre lang unbehelligte Gruppe »Nationalsozialistischer Untergrund« aus Zwickau tötete 9 türkische und griechische Kleinunternehmer sowie eine Polizistin.[F9]

Zwischen dem 11. September 2001 und dem 11. September 2011 hat es in Deutschland mindestens 81 Anschläge auf Moscheen gegeben, unter anderem mit Schweineblut, Kot oder Hakenkreuz-Schmierereien.[F10]

Rechtsradikale nehmen Deutschen die Arbeitsplätze weg: In bestimmten Regionen, etwa in Mecklenburg-Vorpommern, bleiben Fremde und Touristinnen wegen der großen NPD-Präsenz aus, das Hotel- und Gaststättengewerbe zeigt sich besorgt.[F11]

Die Demokratieresistenz von Muslimen in Deutschland war laut einer Umfrage von 2007 mit 8–10% Zustimmung der Befragten etwa genauso ausgeprägt wie die völkisch-nationalistisch motivierte Fremdenfeindlichkeit alteingesessener Deutscher. Antisemitismus war unter Muslimen stärker verbreitet, aber autoritäre Einstellungen fanden sich in beiden Gruppen in gleicher Stärke, und die Christenfeindlichkeit von Moslems war geringer als die Islamfeindlichkeit von Christen.[F12]

90% der befragten Moslems in Deutschland äußerten in einer Umfrage »Wut angesichts eines pauschalisierten Terrorismusverdachts gegenüber Muslimen auf internationaler Ebene«. Über 40% der moslemischen Schüler gaben an, sprachlich und sozial schlecht oder mäßig integriert zu sein. 2/3 hatten gar keine oder wenig eingesessene Deutsche als Freunde und fühlten sich deshalb eher mit dem Herkunftsland ihrer Eltern als mit Deutschland verbunden. 4 von 5 hatten mindestens einmal die Erfahrung gemacht, als Ausländer schlecht behandelt worden zu sein, 1 von 10 berichtete, persönlich fremdenfeindliche Gewalt erlebt zu haben.[F13]

Aus der Bundesrepublik wandern mehr Personen islamischen Glaubens aus als ein – vor allem hoch qualifizierte Nachwuchskräfte. Laut Jahresgutachten 2010 des Sachverständigenrates für Integration überlegen 36% der türkischstämmigen Studierenden, Deutschland zu verlassen. Durch die Debatte um Sarrazins Buch sei ein eklatanter Vertrauensverlust entstanden. Schon in den letzten 15 Jahren habe das Land eine halbe Million Menschen mehr ans Ausland verloren als neu dazugewonnen. Die Weggezogenen hatten im Schnitt ungefähr doppelt so oft einen Hochschulabschluss wie die deutsche Bevölkerung.[F14]

Die Fremdenfeindlichkeit eingesessener Deutscher stieg während der Sarrazin-Debatte stark an. Die Rate von Moslemfeindlichkeit hatte laut dem Sozialforscher Wilhelm Heitmeyer über 8 Jahre hinweg bei etwa 25% gelegen, nach Erscheinen des Buches stieg sie auf rund 55% – vor allem bei den Besserverdienenden, die in der Wirtschaftskrise Absturzängste entwickelten. Sarrazin-Leser sind nach einer Untersuchung der Deutschen Gesellschaft für Konsumforschung zu etwa 70% männlich und stark karriereorientiert.[F15]

Die Angehörigen der 2. und 3. Generation muslimischer Migranten verlassen das deutsche Schulsystem deutlich häufiger als ihre Elterngeneration mit Schulabschluss. Über 22% von ihnen haben (Fach-)Abitur, in der 1. Generation betrug dieser Anteil nur 3%.
Das ist ein Bildungsanstieg von etwa 650%, allerdings auf niedrigem Niveau. In der Gruppe muslimischer Iraker, Iraner und Afghanen haben sogar 33,3% (Fach-)Abitur, während diese Quote in der Gruppe der Bevölkerung ohne Migrationshintergrund bei nur 21,5% liegt.[F16]

Islamhasser-Organisationen in den USA beeinflussen mit millionenschwerer Unterstützung die Medien und die politischen Debatten. Zwischen 2001 und 2009 überwiesen 7 Stiftungen fast 43 Millionen Dollar an islamfeindliche Thinktanks. Diese verbreiteten, US-Präsident Obama sei heimlich Moslem und die Einführung der Scharia stehe kurz bevor. Es ist zu vermuten, dass Superreiche und Vermögende eine ähnliche Strategie auch in Deutschland, Österreich und der Schweiz betreiben, um von ihren Privilegien abzulenken. Die Schweizer Wochenzeitung Weltwoche etwa gilt als informelles Parteiorgan der rechtspopulistischen SVP und fragte 2010 auf ihrer Titelseite: »Muss der Islam verboten werden?«[F17]

Für gleiche Rechte für Männer und Frauen sprachen sich in einer 2008 veröffentlichten, weltweiten Gallup-Umfrage 85% der Befragten im Iran, 90% in Indonesien und 61% in Saudi-Arabien aus. 93% aller Befragten aus 35 islamischen Ländern stuften sich selbst als politisch moderat ein, 50% wünschten sich mehr politische Demokratie. Die Autoren der Studie resümierten: Moslems wollten dieselbe Freiheit wie Bürger der westlichen Staaten. Es gebe keinen clash of civilizations, keinen Kampf der Kulturen, sondern einen clash of ignorance, einen Zusammenprall gegenseitiger Ignoranz.[F18]

Die EU schottet sich am Mittelmeer mit Grenzzäunen und Schiffspatrouillen gegen Migranten aus Afrika ab. Die griechische Küstenwache beschädigt immer wieder Schlauchboote von Flüchtlingen und nimmt ihnen die Außenbordmotoren ab, sodass die Boote abtreiben und sinken. Das Mittelmeer wird zum Massengrab für Tausende. Allein in Ägypten gelten rund 8 000 Menschen als vermisst.[F19]

Europa mit seiner alternden Bevölkerung benötigt nach Einschätzung von Wirtschaftsexperten junge Leute aus aller Welt, um seinen Wohlstand zu erhalten. EU-Sozialkommissar László Andor erwartet durch die Zuwanderung von 100 000 Menschen nach Deutschland mehr Wohlstand und ein zusätzliches Wirtschaftswachstum von 0,3% pro Jahr.[F20]

In den Schulen von Berlin-Neukölln und weiteren Städten setzen sich junge moslemische Männer des mehrfach preisgekrönten Heroes-Projekts engagiert für Mädchen- und Frauenrechte ein. In Kursen wurden sie zuvor zu »Helden der Gleichberechtigung« ausgebildet.[F21]

Ebenfalls sehr wirksame Integrationsarbeit leisten migrantische »Stadtteilmütter« in Berlin, Essen, Hamburg und anderswo.[F22]

Lesepatenschaften helfen Kindern aus Migrantenfamilien beim Sprachen- und beim Lesenlernen. Und die Pateneltern haben meist Spaß dabei.[F23]

In manchen Grundschulen, etwa in der Regenbogenschule in Berlin-Neukölln, lernen Kinder Religion im Klassenverband. Und entdeckten dabei, wie viele Gemeinsamkeiten es zwischen Judentum, Christentum und Islam gibt.[F24]

In vielen Kirchengemeinden oder Städten und Kommunen gibt es inzwischen interreligiöse Initiativen, zum Beispiel die Lernhäuser der Frauen.[F25]

Rund 1 000 Schulen trugen Ende 2011 bundesweit den Titel »Schule ohne Rassismus – Schule mit Courage«. Etwa 750 000 Schulmitglieder bilden das größte Schulnetzwerk in Deutschland und produzieren unter anderem eine Zeitung und ein Radio namens »Q-rage«. Die Leitideen: hinsehen | einschreiten | handeln | für mehr gegenseitigen Respekt sorgen | gegen Diskriminierung jeder Art kämpfen.[F26]

Die knapp 2 000 Einwohner des italienischen Dorfes Riace haben rund 200 Flüchtlinge aus Äthiopien, Irak, Libyen und anderswoher mit offenen Armen empfangen. »Mit den Flüchtlingen ist unser Dorf zum ersten Mal wieder ein Ort der Hoffnung und Ankunft geworden«, findet Bürgermeister Domenico Lucano.
Er hat den Verein Città Futura gegründet, übersetzt: »Stadt der Zukunft«. Dieser ist mittlerweile größter Arbeitgeber im Ort und baut unter anderem Werkstätten, in denen Migranten und Einheimische Kunsthandwerk schaffen. Die Schule und viele kleine Handwerksbetriebe konnten wieder öffnen, Einheimische fanden neue Arbeit.[F27]

7 DEMOKRATIEBESCHISS

In Deutschland und andernorts zeigt sich das scheinbare Paradox, dass die Wahlbeteiligung seit Jahren zurückgeht, das Interesse an politischer Einmischung aber gleich bleibt oder sogar zunimmt. Die Defizite der parlamentarischen Demokratie zeigten sich unter anderem an »Stuttgart 21«: Formal war das Projekt demokratisch legitimiert, viele Bürger aber fühlten sich übergangen und hintergangen, weil es in Wirklichkeit weniger um einen Bahnhof als um ein Grundstücksgeschäft mit lukrativen Flächen in der Stuttgarter Innenstadt ging.

Das liegt auch an dem starken Einfluss von Lobbygruppen auf die Politik. Lobbyisten ohne jede demokratische Legitimation waren nicht nur in Stuttgart zugange, sie sitzen auch an eigenen Schreibtischen in Bundesministerien, in den politischen Gremien in Berlin und Brüssel, in den Kungelrunden zum Umgang mit der Finanzkrise, in denen über das Schicksal von Millionen Menschen entschieden wird. Lobbys »füttern« willfährige Abgeordnete mit ihren Gesetzesentwürfen, die diese als ihre eigenen einreichen. Das ist »Demokratiebeschiss« und führt die Idee der Gewaltenteilung ad absurdum.

Allerdings hat man bei nicht so wenigen Unzufriedenen den Eindruck, dass sie lieber motzen, als selbst etwas zu tun. Viele Menschen kümmern sich im Alltag keinen Deut um Politik, informieren sich nicht und wollen ihre Ruhe haben – um dann am Stammtisch über »die da oben« herzuziehen. Das ist reichlich bequem – und schafft Politikern wie Lobbyisten den Spielraum, weiterhin kaum kontrolliert ihren Interessen nachzugehen.

Wie kann es anders gehen? 2011 war weltweit die Geburtsstunde kreativer neuer Formen direkter Demokratie auf Straßen und Plätzen. Die Menschen scheinen geradezu nach Wiederaneignung von Politik und Demokratie zu schreien. Perfekte Formen dafür gibt es nicht, das Internet ist dazu zwar ein Mittel, hat aber seine eigenen Tücken. Viel wichtiger als Perfektion sind jedoch das freie Ausprobieren-Können und das Gefühl, das Schicksal wieder in die eigenen Hände nehmen zu können.

Unter den Menschen in Deutschland und Österreich herrscht großer Unmut gegenüber der Politik, Schweizer sind aufgrund der Volksbefragungen zufriedener – so das Ergebnis einer Umfrage Ende 2010. | In Deutschland beklagten 73% der Befragten, dass sie Entscheidungen zu wenig beeinflussen könnten, 54% befanden, es gehe in der Bundesrepublik ungerecht zu, nur 29% erklärten, das politische System funktioniere gut. | In Österreich fanden 56%, Politik werde zu häufig gegen die Wünsche der Bürger gemacht. | In der Schweiz erklärten sich 67% mit den Möglichkeiten der Mitbestimmung zufrieden. Auch mit ihrem Bildungs-, Gesundheits- und Rentensystem waren die Deutschen am unzufriedensten.[G1]

Die Wahlbeteiligung bei Bundestagswahlen stieg von knapp 79% im Jahre 1949 bis auf gut 91% im Jahre 1992 an, um seitdem kontinuierlich zu sinken: 2009 lag sie mit knapp 71% niedriger als nach Kriegsende.[G2]

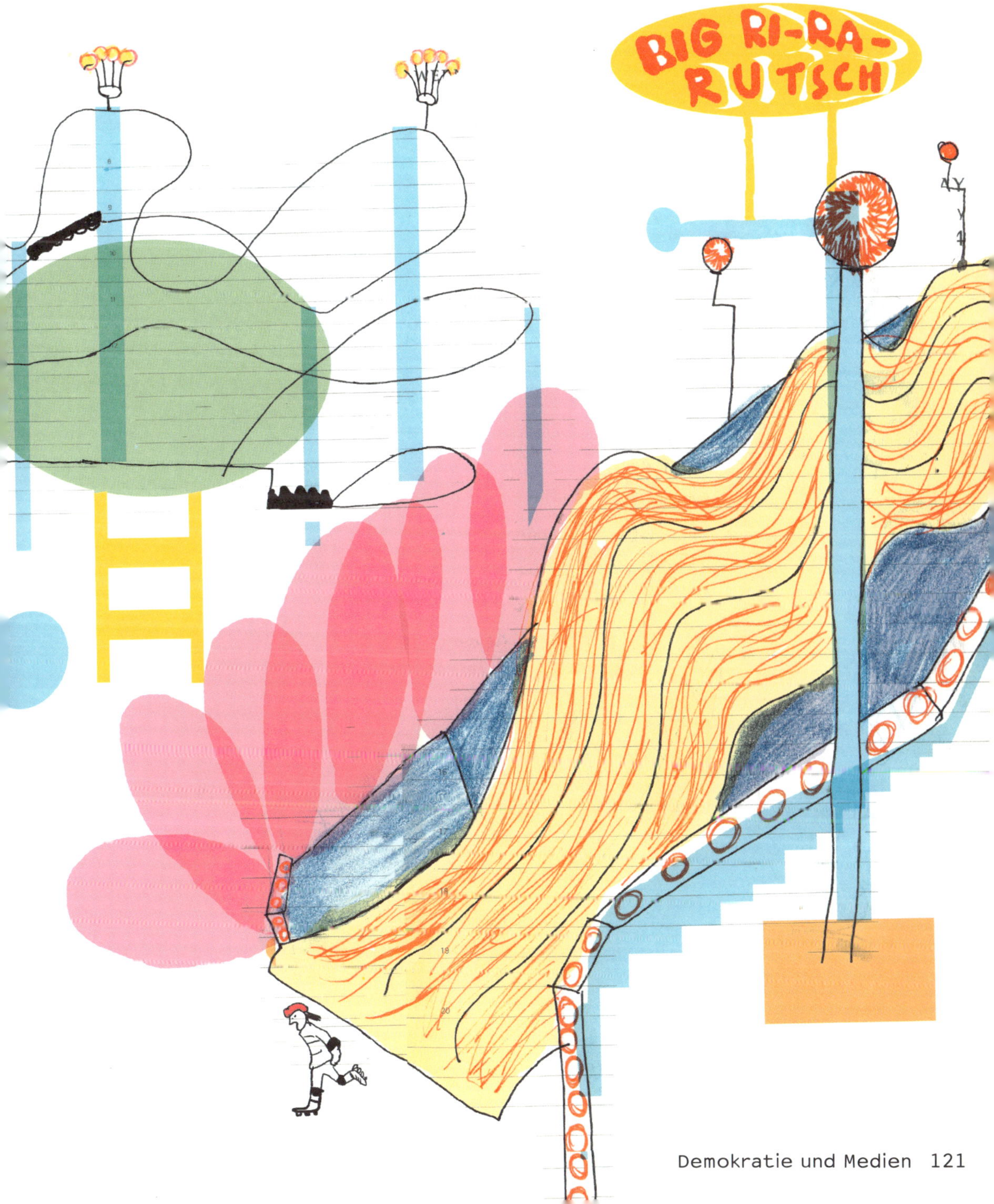

TOP 5 AUTORITÄRSTE LÄNDER DER WELT

[laut Demokratie-Index 2010][G3]

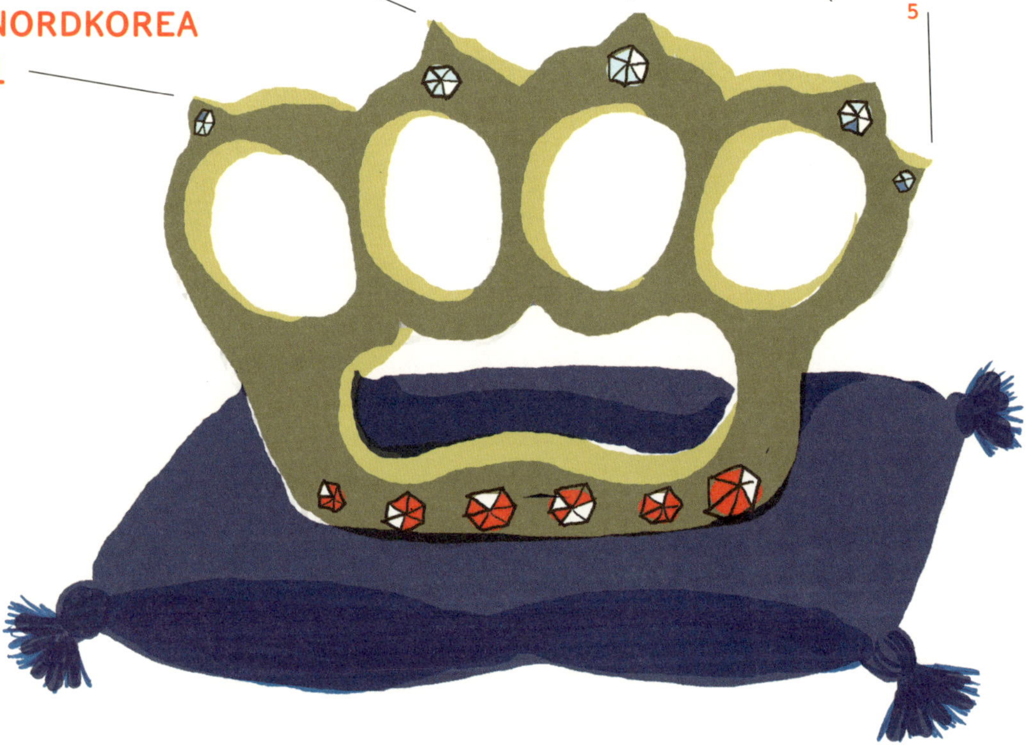

Der von der Zeitschrift The Economist herausgegebene Index misst den Grad von Demokratie anhand von Wahlprozessen und Pluralismus, Funktionsweise der Regierung, politischer Teilhabe, politischer Kultur und Bürgerrechte. Norwegen war danach 2010 weltweit das demokratischste Land. | Österreich belegte Platz 13 | Deutschland Platz 14 | die USA Platz 17. Nach den Kriterien des Index haben weltweit 26 Länder Volldemokratien, 52 fehlerhafte Demokratien, 31 Mischregimes und 55 autoritäre Regimes.

81% der in Deutschland Lebenden würden sich gerne stärker politisch engagieren und bei wichtigen Entscheidungen einbringen, ergab eine Umfrage von 2011. 78% der Befragten sprechen sich für mehr Volksbegehren und Bürgerentscheide aus. | 68% möchten bei großen Bauprojekten oder Infrastrukturmaßnahmen mitreden. | 47% würden gerne mittels Bürgerhaushalten mitbestimmen, wofür Steuergelder in ihrer Kommune ausgegeben werden. | Mitglied in einer Partei wollen indes nur 30% werden.[G4]

Ein gutes Drittel (36%) der Menschen in der Bundesrepublik leistet freiwillige und ehrenamtliche Arbeit, über die Hälfte (58%) spenden regelmäßig. | 2010 waren 11% der in Deutschland Lebenden in einer Gewerkschaft Mitglied, 3% in einer Partei. | In Sportvereinen waren 29% aktiv | in Kultur- oder Musikvereinen 12% | in Wohltätigkeits- und sonstigen Vereinen je 10% | in Berufsverbänden 7% | in Naturschutzorganisationen 6% | in Selbsthilfegruppen 5% | in Elternorganisationen 4%.[G5]

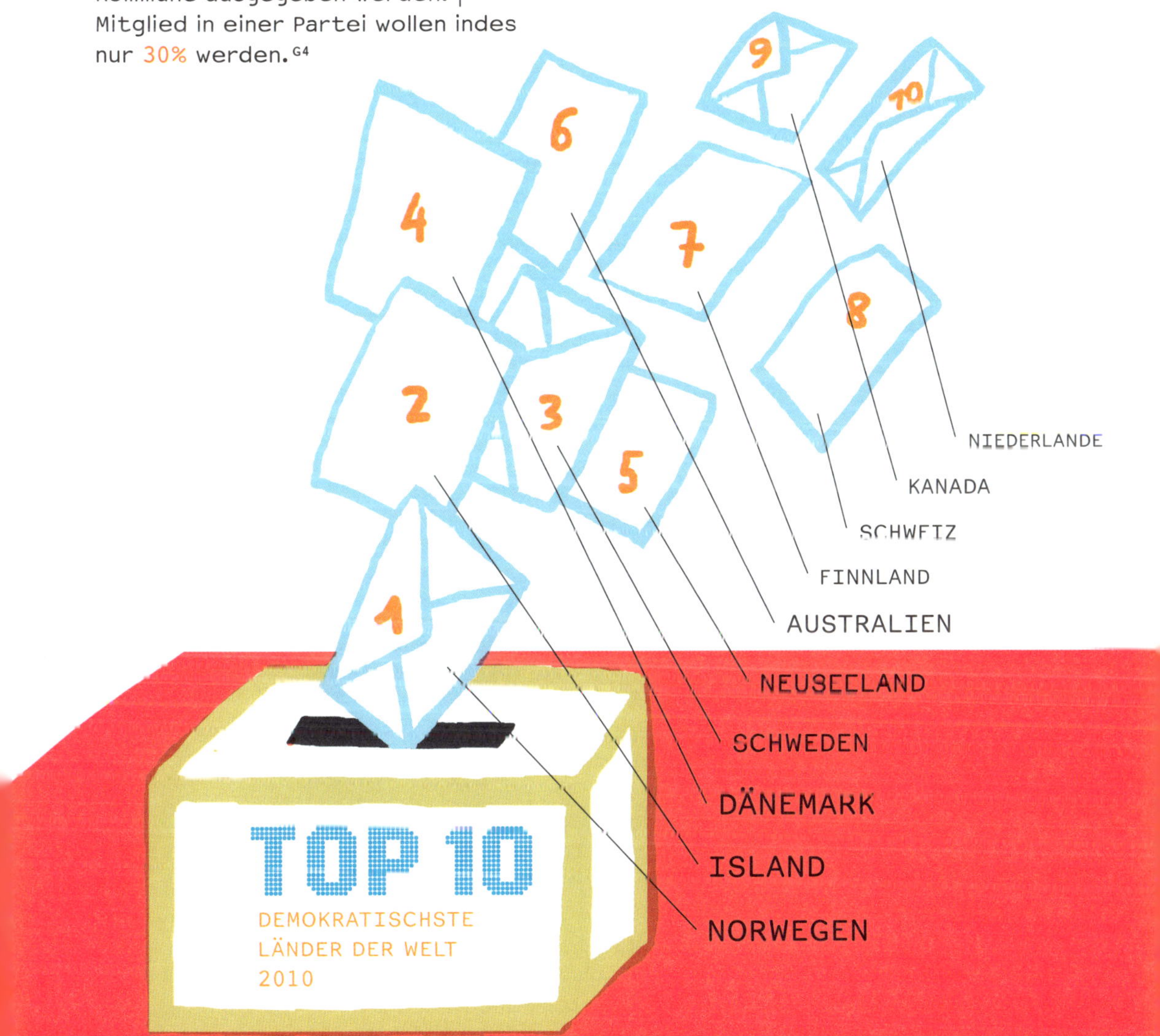

2006 deckte die ARD-Sendung Monitor auf, dass Lobbyisten aus der Privatwirtschaft – etwa von Siemens, DaimlerChrysler und Deutscher Bank – ihre eigenen Schreibtische in Bundesministerien hatten; insgesamt mehrere Hundert. Sie schrieben dort auch an Gesetzen mit, die ihre eigene Branche betrafen. Nach Protesten verabschiedete die Bundesregierung 2008 eine Verwaltungsrichtlinie, die die Mitarbeit solcher Externer in den Ministerien einschränkt, aber nicht grundsätzlich verbietet.[G6]

Volkswagen, der größte Autohersteller Europas, war einer der treibenden Kräfte hinter einer Lobbykampagne, die strengere CO_2-Standards für Fahrzeuge auf EU-Ebene verhindern sollte. Der Konzern wehrte sich auch gegen eine EU-weite Reduktion von Klimagasen um 30% – mit der absurden Behauptung, dies führe zu einer »Deindustrialisierung Europas«.[G7]

Für das Jahr 2010 verzeichnete Amnesty International zum Teil dramatische Menschenrechtsverletzungen in insgesamt 157 Ländern. Folter registrierte die Organisation in 98 Staaten, massive Einschränkungen der Meinungsfreiheit in 89 Nationen. Gegen die »Arabellion« 2011 schlugen die Regierungen in der arabischen Welt mit Zensur, Internetblockaden, Verhaftungen und Folter zurück. In China nahm die Unterdrückung der Meinungsfreiheit massiv zu, Menschenrechtsanwälte, Umweltaktivistinnen und Künstler wurden festgenommen oder unter Hausarrest gestellt.[G8]

Mindestens 15 000 Lobbyisten sind in der EU-Verwaltungsstadt Brüssel tätig. Ins freiwillige Lobbyregister der Europäischen Kommission trugen sich bisher aber nur knapp 4 000 Lobbyorganisationen ein, darunter gut 1 000 Wirtschaftsverbände, etwa 500 Unternehmen, knapp 1 000 Nicht-Regierungsorganisationen sowie rund 120 Thinktanks. Mehrere große deutsche Konzerne wie die Deutsche Bank tauchen nicht auf, obwohl sie in Brüssel Lobbybüros unterhalten. In Deutschland gibt es bisher kein Lobbyregister. Die Organisation LobbyControl und das Online-Portal abgeordnetenwatch.de machen sich hier für mehr Transparenz stark.[G9]

Die korruptesten Länder weltweit sind laut dem Korruptionsindex 2010 von Transparency International: Somalia | Birma/Myanmar | Afghanistan | Irak | Usbekistan.[G10]

Am »saubersten« sind Politik und Behörden in folgenden Ländern: Dänemark | Neuseeland und Singapur | Finnland und Schweden. | (Die Schweiz kommt auf Platz 6 | Deutschland und Österreich teilen sich Platz 15.)[G10]

Als beim Bankencrash 2008 viele Milliarden Steuergelder in die Bankenrettung gepumpt wurden, verhinderte die Finanzlobby auf EU-Ebene, dass die Spekulation gesetzlich eingeschränkt wurde. Dafür war der weltweit vernetzte Bankenverband IIF verantwortlich, dem Josef Ackermann vorsaß, der scheidende Chef der Deutschen Bank. 200 von 260 Experten, die die EU-Kommission in Finanzfragen berieten, entstammten der Bankenwelt. Die Gesetzesvorschläge der Finanzindustrie wurden von Abgeordneten abgeschrieben und im Parlament eingereicht. Auch bei EU-Gipfeltreffen zur »Rettung« Griechenlands saß Ackermann trotz fehlender demokratischer Legitimation wie selbstverständlich mit am Tisch.[G11]

Spitzenpolitiker wechseln nach ihrem Ausscheiden wie durch eine Drehtür in die Lobbyabteilungen von Unternehmen oder Verbänden. LobbyControl nennt das »Drehtüreffekt« oder »Seitenwechsel«. Interessengruppen erhalten sich dadurch einen direkten Draht zur Politik, gesellschaftliche Machtverhältnisse werden verstärkt.[G12]

Jeder Bundesbürger sitzt täglich durchschnittlich fast 4 Stunden (227 Minuten) vor dem Fernseher – 4 Minuten länger als 2010, trotz gestiegener Nutzung des Internets. Wer älter als 50 ist, sieht sogar beinah 5 Stunden fern (297 Minuten). Die Jüngeren schalteten das Gerät durchschnittlich gut 3 Stunden an (193 Minuten).[G13]

In US-Haushalten gibt es inzwischen mehr Fernsehgeräte als Menschen. Je mehr Fernsehen ein Mensch schaut, desto reicher schätzt er laut dem Glücksforscher Richard Layard alle seine Mitmenschen ein und desto ärmer und unglücklicher fühlt er sich selbst.[G14]

Rund 7% der Weltbevölkerung sind über Facebook vernetzt. In den USA besitzen bereits über 55% der 12- bis 13-Jährigen einen Facebook-Account.[G15]

Über 1200 Seiten private Daten von Max Schrems hat Facebook in dessen dreijähriger Mitgliedschaft gesammelt. Der österreichische Jurastudent bekam sie nach einer Klage zurück. Viele Daten hatte er eigentlich gelöscht – sie waren dennoch weiter bei Facebook gespeichert. Und der »Datenkrake« will in Zukunft noch mehr speichern: Alle Fotos, Videos, Bücher, Rezepte oder Lebensereignisse eines Users werden in »Timeline« vereint, einer Art Endlos-Steckbrief. Bundesverbraucherministerin Ilse Aigner warnt Jugendliche davor, zu viel bei Facebook preiszugeben, etwa Fotos, die sie nicht mehr löschen könnten.[G16]

SO KANN ES AUCH GEHEN

Die weltweit ausgeprägteste Kultur der Volksentscheide hat die Schweiz. Hier gibt es seit über 100 Jahren Volksentscheide im gesamten Staat, in jedem Kanton und jeder Gemeinde. Über Verfassungsänderungen und internationale Verträge kommt es zwingend zur Volksabstimmung. Die Formen und Auswirkungen direkter Demokratie werden auch von Forschungsinstituten begleitet und in Datenbanken dokumentiert. In Deutschland macht sich die Initiative Mehr Demokratie für ähnliche Bürgerbeteiligungsmodelle stark.[G17]

Bürgerhaushalte sind ein erprobtes Mitbestimmungsmodell. 1989 im brasilianischen Porto Alegre entstanden, gibt es diese Form der Bürgerbeteiligung inzwischen in vielen Teilen der Welt, in Deutschland in über 20 Orten. Bürgerinnen und Betroffene können dabei in öffentlichen Versammlungen mitentscheiden, wofür sie frei verwendbare Haushaltsmittel einsetzen wollen (www.buergerhaushalt.org).

2011 ist das Jahr, in dem die direkte Demokratie weltweit neu erfunden wurde: in Tunesien, Ägypten und anderen arabischen Ländern auf den Straßen und den »Plätzen der Befreiung«, in Griechenland und Spanien auf öffentlichen Plätzen, in Israels »Zeltstädten«, in den USA in der Wall Street vor den Banken sowie an vielen anderen Orten rund um den Globus. Menschen protestierten gegen Missstände, aber sie erfanden auch zahllose neue Formen demokratischer Kommunikation in großen Massenansammlungen.

Von 1950 bis 2010 haben folgende Länder am meisten Volksinitiativen und -abstimmungen durchgeführt: Schweiz (391) | Italien (67) | Neuseeland (51) | Irland (30) | Australien (25) | Dänemark (18) | Frankreich (11) | Schweden (10) | Polen und Brasilien (9). Qualität und Quantität der Abstimmungen sind jedoch nicht direkt vergleichbar. Der Bundesstaat Kalifornien etwa, mit über 30 Millionen Einwohnern größer als viele Nationen, hat öfter als die Schweiz abgestimmt.[G18]

Bürgerbewegungen wie MoveOn, GetUp, Campact und Avaaz haben bei der Durchsetzung von Umwelt- und Menschenrechten viele spektakuläre Erfolge durch Internetkampagnen erzielen können. In Deutschland ist www.campact.de das größte Online-Netzwerk, im globalen Raum ist es www.avaaz.org, das in 14 Sprachen arbeitet. »Wenn wir zusammenhalten, ist alles möglich«, schrieb Avaaz bei der Begrüßung seines zehnmillionsten Mitglieds im Oktober 2011. **»Die Welt mag voller Angst und Fatalismus sein, aber Bürgerbewegungen sind überall auf dem Vormarsch, und zusammen sind wir die stärkste Kraft für Wandel, die es je gab ...«**

8 NATURBESCHISS

Wir Menschen leben von der Natur – und tun doch so, als könnten wir ohne sie auskommen. Das ist der »Naturbeschiss«. Viele der ökologischen Kreislaufsysteme auf unserem Blauen Planeten sind inzwischen aufgrund menschlicher Einwirkung schwer gestört. Niemand weiß, wann sie »umkippen«, so wie ein See ohne Sauerstoff, in dem fast alles Leben stirbt. Besonders dramatisch ist das Artensterben.

Dabei arbeitet die Natur netterweise Tag und Nacht für uns Menschen; sie liefert uns Sauerstoff, Wasser, Nahrung, Rohstoffe für Kleidung – alles, was wir brauchen –, ohne uns eine Rechnung zu präsentieren. Weil die Natur unersetzlich und unbezahlbar ist, erscheint es vollkommen widersinnig, ihre Leistungen in Geld umrechnen zu wollen. Aber Ökonomen und Politikerinnen können oft nicht mehr anders denken als in Geldwerten. Deshalb haben Forscher versucht, die Gratisleistungen der Natur in Euro oder Dollar abzuschätzen. Die Ergebnisse sind politisch wie methodisch sehr umstritten. Dennoch tauchen einige davon hier auf, weil sie zeigen, wie großzügig die Natur ihre undankbare Menschenaffenart Homo sapiens unterstützt.

Genau genommen ist es aber nicht die Menschheit, die den Ökosystemen so zu schaffen macht, sondern ihre reiche Elite: Sie konsumiert weltweit den größten Teil der Rohstoffe und hinterlässt dabei Gift- und Müllberge, in denen die Ärmsten der Armen auf der Suche nach Brauchbarem herumwühlen, um irgendwie zu überleben. Im Pazifik und Atlantik schwimmen gigantische Teppiche aus Plastikmüll, die ungefähr so groß sind wie Mitteleuropa. Und der jährliche Schaden durch weltweite Waldvernichtung liegt um ein Vielfaches höher als die Kosten des Bankencrashs von 2008.

Dabei gibt es Alternativen zu diesem Konsumismus. Am wichtigsten wäre es, einen möglichst großen Anteil der Weltwirtschaft wieder zur Lokal- und Regionalwirtschaft zu machen, also die Ökonomie zu »re-regionalisieren«. Denn es sind Großunternehmen und Banken, die daran verdienen, dass eine Jeans Zehntausende von Kilometern zurücklegt – und davon kein bisschen besser wird. Und, wenn man die Umweltkosten endlich mitelnrechnen würde, auch nicht billiger. Faire und ökologische Produkte gibt es längst, und würden alle sie kaufen, wären sie raus aus ihrem Nischendasein.

Weltweit verbraucht die Menschheit fast 1/4 mehr natürliche Ressourcen, als nachwachsen können. Mehr als umgerechnet 1,7 Hektar Ressourcenverbrauch beziehungsweise »ökologischer Fußabdruck« pro Mensch kann die Erde nicht verkraften, weil sie auch Müll und Gifte absorbieren muss; derzeit liegt der globale Durchschnitt aber bei 2,7 Hektar.[H1]

Die Bevölkerung der USA verursacht im Schnitt einen ökologischen Fußabdruck von 8 Hektar pro Kopf; die Brasiliens von 2,9 Hektar, die Chinas von 2,2 Hektar. In Deutschland sind es 5,1 Hektar. Wenn alle Menschen den Lebensstandard der Deutschen haben wollten, müsste es gleich drei Planeten geben. H2

Tier- und Pflanzenarten sterben heutzutage mindestens 1000-mal so schnell aus wie in den vergangenen 60 Millionen Jahren. Laut einem UN-Bericht von 2010 gelten jede 4. Säugetierart und fast jede 7. Vogelart als bedroht, bei den Amphibien sind es sogar 2/5. Schätzungsweise 90% der Spezies sind noch gar nicht bekannt, viele davon könnten aussterben, bevor sie entdeckt werden. H3

Mindestens so schlimm wie die Klimakatastrophe sind das weltweite Artensterben und der außer Kontrolle geratene Stickstoff- und Phosphorkreislauf, so das Ergebnis der internationalen Studie »Ein sicherer Betriebsbereich für die Menschheit« von 2009.[H4]

Phosphor ist überlebenswichtig für Pflanzen, Tiere und Menschen und wird als Dünger fast genauso schnell knapp wie Erdöl. Laut Umweltbundesamt werden die Vorräte noch gut 80 Jahre reichen, aber zunehmend mit Cadmium und Uran belastet und immer weniger ackertauglich sein.[H5]

Der globale Stickstoffkreislauf ist massiv gestört, seit vor gut 100 Jahren die Stickstoffgewinnung aus der Luft und damit die Herstellung von Kunstdünger möglich gemacht wurden. Der Stickstoff aus überdüngten Feldern landet in Flüssen und Meeren, wo er zunehmend für giftige Algen und tote Zonen sorgt. Mindestens 10 Millionen Europäer trinken nitratbelastetes Wasser. Laut einer Studie des Centre for Ecology & Hydrology Edinburgh kostet die Stickstoffbelastung von Luft, Boden und Wasser jeden Europäer jährlich 150–740 Euro. Das ist ungefähr das Doppelte wie der erhoffte Nutzen aus der Landwirtschaft.[H6]

Seit Beginn der industriellen Revolution haben die Ozeane schätzungsweise 120 Milliarden Tonnen CO_2 aufgenommen. In Wasser bildet CO_2 Kohlensäure, diese greift die Kalkschalen von Meerestieren und das Gehäuse vieler Planktonarten an. Die Folgen: Die Artenvielfalt schrumpft, die Meere nehmen weniger CO_2 auf.[H7]

Eine 100-jährige Buche hat nach Berechnung des Umweltexperten Frederic Vester Leistungen von mehr als 270 000 Euro für die Umwelt erbracht. Sie entzieht der Luft an einem Sonnentag rund 20 Kilogramm CO_2 und stellt daraus gut 13 Kilogramm Sauerstoff und 12 Kilogramm Glukose her. Der Sauerstoff reicht für den Tagesbedarf von 13 Menschen. Würde der Baum gefällt, müssten 2 000 Jungbuchen mit einem Kronenvolumen von rund einem Kubikmeter gepflanzt werden, um seine positive Klimawirkung zu ersetzen.[H8]

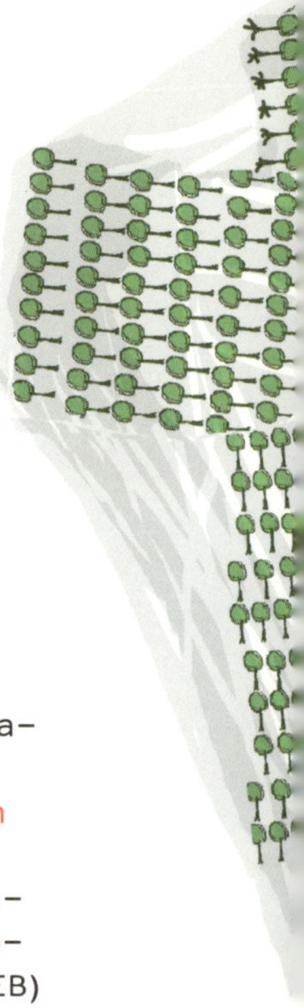

Den Gesamtwert aller Dienstleistungen der Natur – die kostenlose Bereitstellung von Nahrung, Wasser, Luft, Bekleidungsrohstoffen, Behausung, Pflanzenbestäubung, Wetterschutz, Klimaregulierung, Gesundheit, Erholung usw. – schätzte US-Umweltökonom Robert Costanza 1997 auf 16–54 Billionen Dollar pro Jahr: Das ist 1- bis 3-mal so viel wie die damalige Weltwirtschaftsleistung.[H9]

Die rund 100 000 staatlichen Naturschutzgebiete auf dem Globus, für die 10–12 Milliarden Dollar pro Jahr ausgegeben werden, erbringen nach Berechnung von The Economics of Ecosystems and Biodiversity (TEEB) 5 Billionen Dollar jährlichen Gewinn, unter anderem durch Tourismus. Das ist mehr, als Computer-, Auto- und Stahlindustrie zusammen erwirtschaften.[H10]

Rund 130 000 Quadratkilometer Tropenwald verschwinden nach Angaben der UN-Umweltbehörde jährlich. Sie müssen Gensoja und Agrosprit, Ölpalmen und Weideland weichen. In jeder Minute wird wertvoller Wald vernichtet, der 35 Fußballfelder (245 000 Quadratmeter) umfasst. Dabei sterben viele unentdeckte Lebewesen. Auf der nördlichen Halbkugel wachsen die Wälder langsam wieder – jährlich um 30 000 Quadratkilometer –, weil die Industrieländer ihre Energiepflanzen- und Futtermittelproduktion in südliche Länder verlagern.[H11]

Der wirtschaftliche Schaden durch weltweite Waldvernichtung liegt um ein Vielfaches höher als der Schaden durch den Bankencrash von 2008. Laut einer Schätzung von The Economics of Ecosystems and Biodiversity (TEEB) beträgt er jährlich 2–5 Billionen Dollar: rund 7% des Weltbruttosozialprodukts.[H12]

Bei Förderung der Goldmenge für einen kleinen Ehering von 1 Gramm Gewicht entstehen bis zu 750 Tonnen Abraum. Um Gold aus dem Gestein zu lösen, werden hochgiftige Stoffe – Cyanidlauge oder auch Quecksilber – eingesetzt. In Rumänien gelangten im Jahr 2000 rund 100 Tonnen solcher Cyanide in Theiß und Donau und ließen alle Fische im Umkreis sterben.[H13]

In der Republik Kongo zwingen bewaffnete Gruppen Gefangene und Kinder zur Gewinnung des Rohstoffs Coltan für Handys und Playstations. Nach den Worten der britischen Parlamentsabgeordneten Oona King »mussten Kinder im Kongo in den Minen sterben, damit die Kinder in Europa und Asien in ihren Wohnzimmern sitzen und imaginäre Aliens abschießen konnten«.[H14]

Für 1,4 Milliarden Handys, die 2011 in den weltweiten Verkauf gingen, wurden 22,4 Tonnen Gold benötigt. Die dafür nötige Goldförderung verursachte ein bis zu 17 Milliarden Tonnen schweres Gebirge von teilweise giftigem Abraum.[H15]

Unter den 10 umsatzstärksten Schweizer Firmen rangieren 4 Rohstoffhändler: Glencore | Trafigura | Xstrata | Mercuria. Sie kaufen 8-mal mehr Kupfer ein als China. Im Kupferland Sambia sorgt Glencore laut der Entwicklungsorganisation »Erklärung von Bern« mit fiktiven Transaktionen dafür, dass das Unternehmen kaum Steuern bezahlen muss. Entwicklungsländer verlieren durch solche und andere Buchungstricks 250–350 Milliarden Dollar jährlich: Das ist fast doppelt so viel wie die weltweite Entwicklungshilfe.[H16]

750t
ABRAUM
PRO
EHERING

Die 3000 größten Unternehmen der Welt verursachen laut einem UN-Bericht von 2010 Umweltschäden in Höhe von schätzungsweise 2 Billionen Dollar jährlich – durch Klimagase, Luftverschmutzung und Gewässerverseuchungen. Allein in Deutschland betragen die Kosten zur Behebung von Klimaschäden nach Berechnung der Energieforscherin Claudia Kemfert etwa 50 Milliarden Euro bis 2015.[H17]

Weltweit werden jährlich rund 500 Millionen Tonnen Chemikalien produziert, um Plastik, Pharmazeutika oder Pestizide herzustellen. Gefährliche und schwer abbaubare Chemikalien, die sogenannten POPs, finden sich inzwischen überall – auch in der Muttermilch oder in Tieren am Nord- und Südpol. Die Nabelschnur von US-Neugeborenen enthält laut einer Studie durchschnittlich 287 landwirtschaftliche und industrielle Chemikalien.[H18]

22

Über 100 Millionen Menschen weltweit leiden unter giftigen Stoffen, die bei Rohstoffförderung und Industrieproduktion freigesetzt werden: 10 Millionen sind zu viel Blei ausgesetzt | 8,6 Millionen Quecksilber | 7,3 Millionen Chrom | 3,7 Millionen Arsen | 3,4 Millionen Pestiziden | 3,3 Millionen radioaktiven Substanzen.[H19]

Jeder EU-Bürger benutzt im Schnitt 500 Plastiktüten pro Jahr, die meisten nur ein einziges Mal. In Irland wird seit 2002 jede Plastiktüte mit 22 Cent besteuert, der Jahresverbrauch sank dadurch um über 90%.[H20]

Rund 250 Millionen Tonnen Kunststoffprodukte werden jährlich weltweit produziert – ein Großteil landet irgendwann im Meer. Vor den europäischen Küsten wurden pro Quadratkilometer Meeresboden bis zu 100 000 Plastikteilchen gezählt. An der Nordseeküste angeschwemmte tote Eissturmvögel hatten im Schnitt 44 Plastikteile im Magen. An britischen Stränden wurde festgestellt, dass jedes 10. Sandkorn in Wahrheit ein Plastikkrümel ist.[H21]

Global wird jährlich so viel Baumwolle produziert, dass es für 15 T-Shirts pro Erdbewohner reichen würde. Baumwollanbau verbraucht 10% der weltweiten Düngemittel und 25% der Insektizide. Über 90% der indischen Baumwollarbeiter, die regelmäßig Pestiziden ausgesetzt sind, leiden laut Pesticide Action Network unter Gesundheitsschäden.[H22]

Das reichste 1/5 der Menschheit (1,7 Milliarden) verbraucht rund 4/5 aller Ressourcen. Die Umweltschäden sammeln sich in den armen Ländern, die Wohlstandsökonomien genießen das Endprodukt.[H23]

Handys haben eine durchschnittliche Lebensdauer von etwa 1 Jahr. Computerdrucker, zum Beispiel von Epson, enthalten einen Chip, der nach einer bestimmten Anzahl von Kopien dem Gerät befiehlt, sich »aufzuhängen«. In viele Konsumgüter wird eine kurze Nutzungsdauer bewusst eingebaut, Reparaturen und Kundendienste werden überteuert oder unerreichbar gemacht. Kunden und Verbraucherinnen kaufen also neue Geräte, weil es keine Ersatzteile gibt, das Zubehör nicht mehr passt oder die Werbung ein schickeres Nachfolgeprodukt anpreist. Diese auf einen US-Designer zurückgehende Strategie heißt »geplante Obsoleszenz« oder »kalkuliertes Veralten«.[H25]

Jeder Mensch in Deutschland verbraucht nach Angaben des Rats für Nachhaltige Entwicklung im Schnitt rund 110 Kilogramm Rohstoffe pro Tag. Die riesigen Mengen kommen durch den Verbrauch an Ressourcen bei der Produktion von Waren aller Art zusammen. Was im Hausmüll landet, macht nur einen kleinen Teil davon aus.[H24]

In Europa werden jährlich 8–9 Millionen Tonnen Elektrogeräte weggeworfen. Elektroschrott wird umdeklariert nach Afrika verschifft, unter anderem nach Ghana. Jugendliche suchen auf Schrottdeponien nach Brauchbarem, indem sie Kunststoffe verbrennen und Metalle herauslösen. Giftige Bestandteile von Handys, Fernsehern, Druckern und Akkus verseuchen Boden, Luft, Wasser und Menschen.[H26]

Umweltschädliche Subventionen kosten den deutschen Staat und Steuerzahler mindestens 48 Milliarden Euro pro Jahr: rund 585 Euro pro Kopf. Das entspricht knapp 1/5 des Bundeshaushaltes. Die Hälfte der Subventionen (etwa 24 Milliarden Euro) begünstigt den Verbrauch fossiler Energieträger und macht Anstrengungen im Klimaschutz zunichte. Dazu zählen Stromermäßigungen und Steuerentlastungen für energieintensive Betriebe oder die Kerosinsteuerbefreiung, die das Flugzeug im Vergleich zur Bahn begünstigt.[H27]

Die weltweiten Subventionen umweltschädlicher fossiler Energien betrugen 2010 laut Internationaler Energieagentur fast eine halbe Billion Dollar. Alle umweltfeindlichen Subventionen zusammen schätzte der Umweltökonom Norman Myers bereits 2001 auf 1,5–2 Billionen Dollar.[128]

Im Bruttosozialprodukt sind Umsonstleistungen der Natur, Umweltkosten und unbezahlte Arbeit nicht enthalten. Dafür werden dort zum Beispiel Verkehrsunfälle indirekt positiv bewertet, weil Rollstühle für Schwerverletzte oder Autoneukäufe das Wachstum steigern. Neue Maßstäbe, die das Wohlergehen von Mensch und Natur einbeziehen, sind dringend nötig. Die Enquetekommission des Bundestages »Wachstum, Wohlstand, Lebensqualität« untersucht derzeit, ob und wie die Wirtschaftsleistung anders berechnet werden kann.

Wenn pro Einwohner 2 Quadratmeter Garten eingerichtet würden, brächte das einer Stadt wie Zürich knapp 1 Million Quadratmeter naturalisierter Flächen, Speicher für über 20 000 Tonnen CO_2 und eine neue Artenvielfalt ein.[H29]

Von einem Bruchteil der weltweiten umweltfeindlichen Subventionen könnte man ein globales Schutzprogramm für Biodiversität in Höhe von 45 Milliarden Dollar bezahlen. Da laut verschiedener Studien das Kosten-Nutzen-Verhältnis von Naturschutz zu wirtschaftlicher Nutzung ungefähr 1:115 beträgt, wäre ein Nutzen von 5,2 Billionen Dollar zu erwarten.[H30]

Die Artenvielfalt ist in der Stadt inzwischen oft größer als auf dem Land. Das Engagement von Naturschützern, Stadtgärtnerinnen und Hobbyimkern sorgt für den Erhalt vieler Tier- und Pflanzenarten. In Berlin etwa finden Bienenschwärme bessere Lebensbedingungen als in der Nähe agroindustrieller Monokulturen.[H31]

Gold und Edelmetalle kann man statt aus umweltzerstörenden Minen auch durch Recycling von Elektroschrott gewinnen. Zudem gibt es fair produziertes Gold, zu finden etwa unter www.faire-edelsteine.de.

Global denken, lokal konsumieren: Natur, Klima und Ressourcen werden geschont, wenn Verbraucher und Kundinnen verstärkt Waren kaufen, die vor Ort produziert werden. Regiowährungen und Tauschringe helfen dabei, die regionale Wirtschaft zu stärken und Ressourcen zu schonen. Auf www.regiogeld.de oder www.tauschringportal.de gibt es einen Überblick über die zahllosen Initiativen. Hierbei werden vor allem Dienstleistungen getauscht, etwa eine Stunde Haareschneiden gegen eine Stunde Rasenmähen.

Im österreichischen Vorarlberg ersetzt der Talente-Tauschring schon teilweise den Euro und schafft ein neues Pflegesystem: Wer Pflegebedürftigen hilft, bekommt die Stunden auf seinem Zeitkonto gutgeschrieben. Die Gutschrift kann später selbst genutzt oder Verwandten geschickt werden, die woanders wohnen und dort Hilfe in Anspruch nehmen können. In Japan hat sich auf diese Weise das weltgrößte Zeittauschsystem mit mittlerweile über 3 Millionen Mitgliedern etabliert: Fureai Kippu, was »Pflege Beziehungs-Gutschrift« bedeutet (www.timesozial.org).

In Umsonstläden oder Give Boxes kann man Gebrauchsgegenstände tauschen bzw. gratis erhalten. In Oxfam-Shops sammeln ehrenamtliche Mitarbeitende gebrauchte Kleidung oder Bücher und verkaufen sie, der Erlös geht in Entwicklungsprojekte (www.oxfam.de/shops). Im Internet gibt es Verschenk-Plattformen, unter anderem http://de.freecycle.org.

Recycling spart große Mengen Klimagase ein und schafft Arbeitsplätze. Hausmüll wird in Deutschland immerhin zu rund 64% recycelt und kompostiert. Das ist der höchste Wert in der EU, weit vor den USA. Steigerbar ist laut Umweltbundesamt vor allem der Grad an Kompostierung von Bioabfällen – etwa durch einen eigenen Kompost oder eine Wurmkiste auf dem Balkon.[H32]

»Zero Waste« heißt eine Strategie der internationalen Umweltorganisation GAIA zur schrittweisen Reduzierung des Abfalls auf null. Ihre Bestandteile: Konsum und Wegwerfen reduzieren | Ausrangiertes wiederverwenden | umfassendes Recycling | Kompostierung | Verbot von Müllverbrennung | haltbare ungiftige Produkte entwickeln | Bürgerbeteiligung | Gesetze zur Umsetzung. San Francisco legte als erste Stadt ein Zero-Waste-Projekt auf und will bis 2020 »null Abfall« erreichen.[H33]

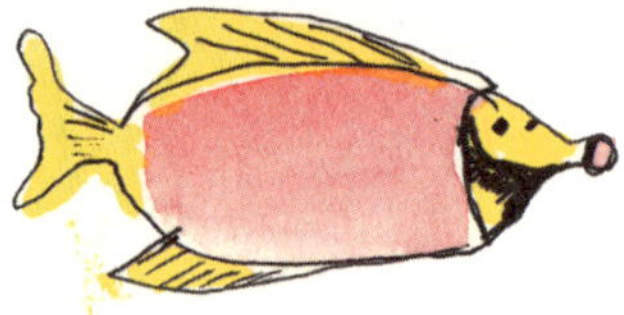

Gemeinschaftsgärten fördern Selbstversorgung, Bioanbau, nachbarschaftliche und interkulturelle Kontakte. In den letzten Jahren entstanden unzählige neue Stadtgärten, zu finden unter www.stiftung-interkultur.de.

Produktdatenbanken beurteilen Waren nach ihrem Nutzen für Umwelt, Gesundheit und Soziales. Das Ökoinstitut Freiburg hat Produkte von der Kaffeemaschine über Autos und Lampen bis zum Bankkonto getestet: www.ecotopten.de. Weitere Portale sind www.ecoshopper.de und www.marktcheck.at. Für die USA empfiehlt sich www.goodguide.com.

Eine Alternative zum Abbau der begrenzten Phosphorvorräte ist verdünnter Urin als Dünger. Er enthält hohe Mengen an Phosphor und Stickstoff, wird aber bisher mit einem Lebensmittel – Trinkwasser – in die Kanalisation gespült.[H34]

Das Konzept der Blue Economy, entwickelt vom belgischen Ökonomieprofessor Gunter Pauli in Zusammenarbeit mit rund 1000 Wissenschaftlern und Expertinnen weltweit, behandelt jeden Abfallstoff als Ausgangsstoff eines neuen Produkts. Dadurch entstehen ganze Kaskaden ökologischer Produkte, die sehr billig sind und die Grundbedürfnisse der Armen befriedigen können. Pauli glaubt, dass mit diesen innovativen Produkten Millionen neuer Jobs entstehen können (www.zeri-germany.org).

9 KLIMABESCHISS

Bereits 1912 baute der Ingenieur Frank Shuman das weltweit erste Solarkraftwerk im Süden Kairos. Weil die fossilen Energien so günstig waren, wurde die Technik wieder vergessen.[11] Die Energiekonzerne haben in den folgenden Dekaden eine zentrale Energieversorgung aufgebaut und sich am Verkauf von Öl, Gas, Kohle und Atomkraft eine goldene Nase verdient. Ohne diesen folgenschweren Irrweg gäbe es heute womöglich schon flächendeckend erneuerbare Energien. Die Klimakatastrophe, diverse Kriege um Energieressourcen sowie die Atomkatastrophen von Tschernobyl und Fukushima wären uns erspart geblieben – das ist der »Klimabeschiss«.

Wenn die Menschheit so weitermacht, wird das aus Verbrennung von Kohle, Öl und Gas freigesetzte Kohlendioxid (CO_2) die Erdatmosphäre bis zum Jahr 2100 um 4–6 Grad aufheizen, so die Prognose des Weltklimarats. Die Folgen wären katastrophal. Denn ab einer Erwärmung von etwa 2 Grad rechnen die Forscher damit, dass sogenannte Kipp-Punkte erreicht werden, die die Entwicklung unbeherrschbar machen. Dann schmilzt etwa das Eis an den Polkappen immer schneller, weil die helle Eisfläche schrumpft, die Sonnenstrahlen zurückwirft – was auch den Meeresspiegel steigen lässt. Diese Katastrophe wird diejenigen am härtesten treffen, die am wenigsten Schuld daran tragen, die nie fliegen, kaum Auto fahren und wenig Gas und Strom verbrauchen: Menschen in armen Ländern. Deshalb müssen Industrieländer als Hauptverursacher ihre Emissionen bis 2050 um 80–95% senken, wenn das Klimaziel von höchstens 2 Grad plus noch erreicht werden soll.

Das ist machbar. Und lohnt sich. Viele Experten sehen hierin gerade für Deutschland eine riesige Chance; kaum ein anderes Land, sagen sie, sei dafür so gut aufgestellt. Wir könnten zeigen, wie wir in Zukunft ohne Atom und Fossilenergien auskommen. Dafür bedarf es allerdings strikter Energieeffizienz – durch Wärmedämmen, Isolieren und Energiesparen. Zudem brauchen wir dezentrale Wind- und Solaranlagen, intelligente Stromnetze und -speicher – und einiges mehr, das heute erst entwickelt wird. Der Ausbau der erneuerbaren Energien hat schon jetzt eine ungeheure Dynamik von unten entwickelt. Gerade in ländlichen Regionen begreifen immer mehr Kommunalpolitiker, dass es sich auch finanziell lohnt, das Geld in der Region zu behalten, statt damit obskure Ölscheichs oder russische Gasmagnaten zu füttern. Die Bewegung der »100%-Erneuerbare-Energie-Regionen« umfasst bereits mehr als 1/4 des Bundesgebietes.

Eine Vollversorgung mit erneuerbaren Energien ist hierzulande und weltweit machbar. Öl und Uran gehen in absehbarer Zeit zu Ende, aber die neuen Energien schaffen Millionen von Jobs und eröffnen neue grüne Zukunftsmärkte.

Noch nie wurden so viele klimaschädliche Gase in die Atmosphäre geblasen wie 2010 und 2011 – und noch nie war der Anstieg steiler. Der weltweite CO_2-Ausstoß lag laut Internationaler Energieagentur 2010 bei über 30 Gigatonnen. 44% davon stammten aus Kohleverbrennung, 36% aus Ölnutzung und 20% aus Erdgas. Sollte der Anstieg so weitergehen, wäre der Klimawandel nicht mehr beherrschbar. Die globale Durchschnittstemperatur stiege mit einer Wahrscheinlichkeit von 50% um mehr als 4 Grad bis zum Jahr 2100.[12]

Die weltweite Lufttemperatur lag laut US-Klimabehörde in jedem Monat der letzten 25 Jahre über dem globalen Durchschnitt des 20. Jahrhunderts. 2005 und 2010 waren demnach die wärmsten Jahre seit Beginn der Wetteraufzeichnungen; die Daten von 2011 waren bei Drucklegung noch nicht ausgewertet. Seit Beginn der Industrialisierung nahm die CO_2-Konzentration in der Atmosphäre um etwa 1/3 zu.[13]

Wird der Klimawandel ignoriert, hat das einen Einbruch der globalen Wirtschaftsleistung von mindestens 20% zur Folge, so eine Studie des britischen Umweltökonomen Nicholas Stern von 2006. Wenn die Nationen aber sofort handeln, wird die Treibgasminderung nach seiner Schätzung nur 1–3% der weltweiten Wirtschaftsleistung kosten. Je länger man zögere, desto teurer werde es. Stern nennt den Klimawandel »das größte und weitestreichende Versagen des Marktes, das es je gegeben hat«.[14]

China hat die USA im Jahr 2010 beim CO_2-Ausstoß in absoluten Zahlen überholt. Umgerechnet auf die Bevölkerungszahl sind allerdings die USA weiterhin Weltspitze: Jeder Mensch verursacht dort im Schnitt rund 19 Tonnen CO_2 pro Jahr, das ist in etwa doppelt so viel wie eine Westeuropäerin und 4-mal so viel wie ein Chinese.[15]

Rund 80% der menschengemachten CO_2-Emissionen stammen aus den Industrieländern, in denen nur etwa 20% der Weltbevölkerung leben. Arme Länder, die insgesamt 80% der Weltbevölkerung beherbergen, tragen aber am schwersten an den Folgen des Klimawandels. Ein brasilianischer Diplomat fand während der Klimaverhandlungen in Kyoto 1997 dafür folgendes Bild: »Sie laden dich ein, aber erst zum Kaffee nach dem Essen. Dann verlangen sie von dir, einen Teil der Rechnung zu bezahlen, obwohl du gar nicht mitgegessen hast.«[16]

Jeder Mensch in Deutschland verursacht im Schnitt rund 11 Tonnen CO_2-Ausstoß pro Jahr, das ist ungefähr das 3-Fache des Weltdurchschnitts von etwa 3,8 Tonnen. Rechnet man die Treibhausgase mit dazu, die durch Waren entstehen, die in China und anderswo produziert und hierzulande konsumiert werden, steigt laut einer Studie der Pro-Kopf-Durchschnitt in Deutschland auf mehr als 15 Tonnen pro Jahr. In der Schweiz beträgt er dann über 18 Tonnen, in Österreich fast 14 Tonnen, in den USA beinahe 29 Tonnen. Dagegen entfallen dann auf einen Chinesen nur gut 3 Tonnen und auf eine Inderin nicht mal 2 Tonnen. Die Emissionen müssen weltweit bis 2050 auf rund 2,7 Tonnen pro Kopf sinken, wenn der Klimawandel noch beherrschbar bleiben soll.[17]

Jeder 5. Mensch auf der Welt (rund 1,5 Milliarden) besitzt keinen Zugang zu Strom. Fast jeder 3. (rund 2,7 Milliarden) kocht und heizt mit Holz oder Dung – vor allem auf dem Land.[I8]

Wetterextreme wie Stürme und Überschwemmungen werden durch die Klimakatastrophe stark zunehmen. Afrika, Südasien und Lateinamerika werden besonders unter dem Klimawandel zu leiden haben, unter anderem wegen Wüstenbildung oder Gletscherschmelzen in den Anden und im Himalaya. Wichtige Kornkammern der Welt in Brasilien, Indien oder China müssen mit drastischen Ernteverlusten rechnen. Mehr als 100 Millionen Menschen leben weniger als 1 Meter über dem Meeresspiegel und sind deshalb besonders bedroht, wenn er ansteigt.[I9]

Wächst das Internet weiter wie bisher, würde es nach einer Hochrechnung der TU Dresden um 2030 so viel Strom verbrauchen wie heute die gesamte Weltbevölkerung. Schon jetzt stößt es laut Freiburger Öko-Institut ungefähr genauso viel CO_2 aus wie der gesamte Flugverkehr. Die Rechenzentren des Internet verbrauchen rund 1,5–2% des weltweit erzeugten Stroms, wobei die Kühlung ebenso viel Energie benötigt wie der Betrieb. Google, Facebook und Apple arbeiten nach einer Untersuchung von Greenpeace zumeist mit schmutzigem Kohle- und Atomstrom.[I10]

Die Serverfarmen für Suchanfragen, Google-Dienste und YouTube-Videos benötigten 2010 über 2 Milliarden Kilowattstunden Strom – damit könnte man eine ganze Stadt von der Größe Osnabrücks oder Heidelbergs versorgen. Eine Anfrage bei Google verursacht etwa 7 Gramm CO_2-Ausstoß. Anders gesagt: 20-mal googeln entspricht einem Kilometer Autofahrt.[I11]

Hätten die Neandertaler vor 30 000 Jahren Atommeiler betrieben und Atommüll vergraben, so würde dieser heute noch tödlich strahlen. Die gerade mal rund 60 Jahre genutzte Atomkraft erzeugt Radioaktivität, die die Menschheit über den Zeitraum von 40 000 Generationen belasten wird.[112]

Atomstrom würde nach einer Berechnung der Prognos AG bis zu 2,70 Euro pro Kilowattstunde kosten, wenn die Atomkonzerne alle Kosten für Forschung und Entsorgung selbst bezahlen und nach denselben Regeln für Unfälle haften müssten wie alle anderen Betriebe. Zum Vergleich: Die Umlage für Wind- und Solarstrom nach dem Erneuerbare-Energien-Gesetz lag 2011 bei 0,035 Euro pro Kilowattstunde.[113]

Atomenergie ist der größte Subventionsflop aller Zeiten. Weltweit flossen rund 90% aller Energieforschungsmittel der letzten 50 Jahre in die Atomenergie – die heute nur 3% des globalen Bedarfs an Primärenergie deckt.[I14]

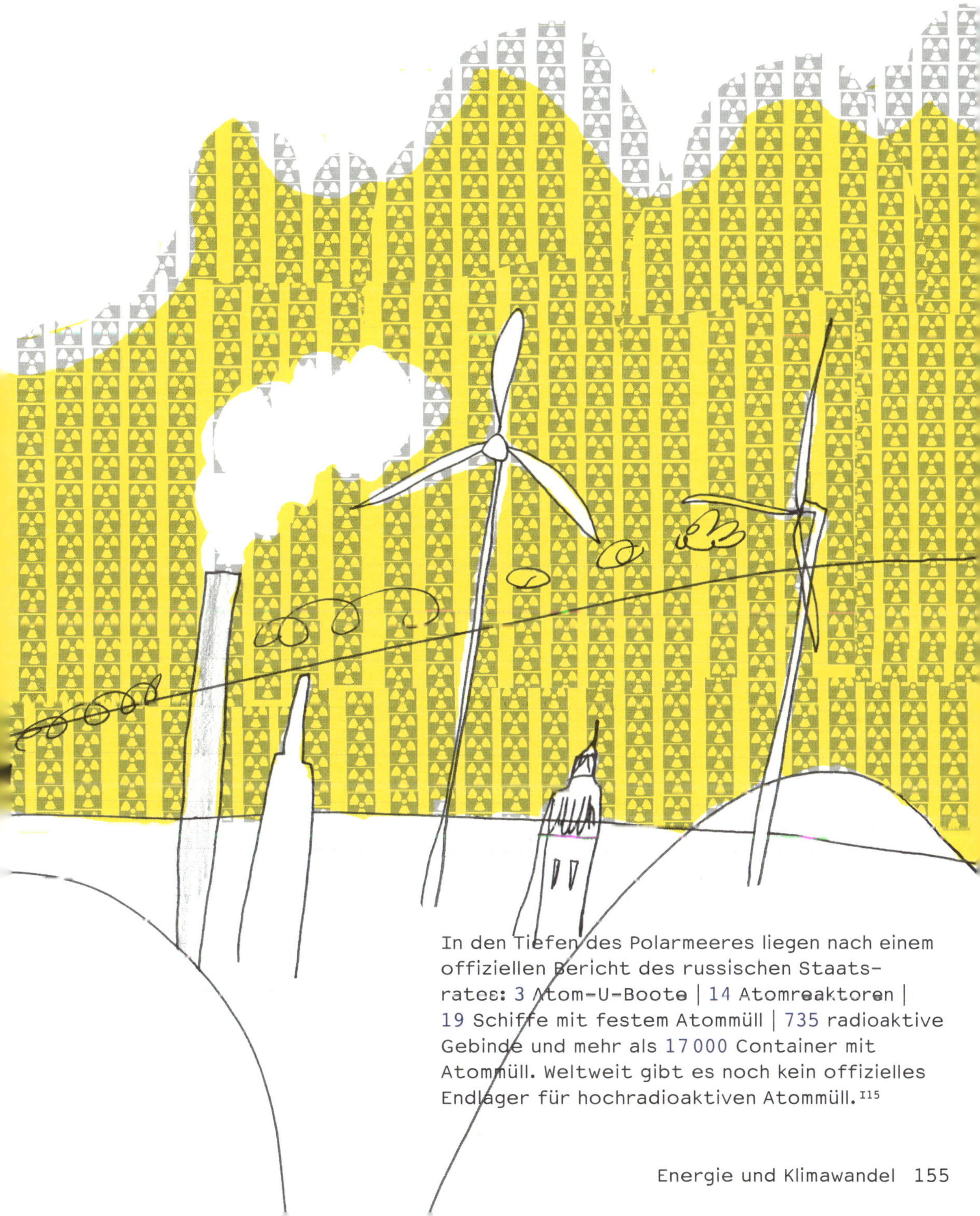

In den Tiefen des Polarmeeres liegen nach einem offiziellen Bericht des russischen Staatsrates: 3 Atom-U-Boote | 14 Atomreaktoren | 19 Schiffe mit festem Atommüll | 735 radioaktive Gebinde und mehr als 17 000 Container mit Atommüll. Weltweit gibt es noch kein offizielles Endlager für hochradioaktiven Atommüll.[I15]

Die erneuerbaren Energien sind der größte Jobmotor und das Herz einer nachhaltigen Wirtschaft. Sie haben in Deutschland binnen weniger Jahre mehr als 340 000 zukunftssichere Arbeitsplätze geschaffen, bis 2030 werden dort nach Schätzung der Unternehmensberatung Roland Berger 710 000 Menschen beschäftigt sein. [I16]

An der bundesdeutschen Bewegung »100% Erneuerbare-Energie-Regionen« waren im Herbst 2011 bereits 118 Landkreise, Gemeinden und Regionalverbünde mit fast 18 Millionen Einwohnern beteiligt – die zusammen 26% des Bundesgebietes ausmachten. Ihre Kommunalvertretungen haben sich zu einer Eigenversorgung mit 100% regenerativer Energie in den kommenden Jahrzehnten verpflichtet; nicht wenige haben dieses Ziel bei der Strom- und Wärmeversorgung schon jetzt erreicht. Die Energiewende in Deutschland geht also vom Land aus. [I17]

94% der Bundesbürger halten laut einer Umfrage den Ausbau der erneuerbaren Energien für wichtig bis außerordentlich wichtig. 79% empfinden die Umlage nach dem Erneuerbare-Energien-Gesetz von zuletzt 3,5 Cent pro Kilowattstunde für »angemessen« oder sogar für »zu niedrig«, nur 15% schätzen sie als »zu hoch« ein. Mit einem Solarpark in ihrer Nachbarschaft wären 76% einverstanden, mit einer Windanlage 69%, mit einem Kohlekraftwerk aber nur 9% und einem Atommeiler bloß 3%. [I18]

Über 50 Staaten, darunter China, ahmen inzwischen das deutsche Erneuerbare-Energien-Gesetz (EEG) nach. Der Weltzukunftsrat zählt das EEG zu den »Best Practices« weltweit. [I19]

Erneuerbare Energien deckten 2011 gut 20% des deutschen Strombedarfs – so viel wie noch nie. In Österreich lag der Anteil sogar bei rund 45%. Windstrom ist schon heute unschlagbar günstig, wenn man die vermiedenen Umweltschäden in die Kosten-Nutzen-Analyse einbezieht. Solarstrom vom Dach wird wahrscheinlich ab 2015 billiger sein als aus der Steckdose. Ein für das Gelingen der Energiewende extrem wichtiger Bereich ist die Solararchitektur, die Gebäude in kleine Kraftwerke umwandelt. [I20]

Gas ist ein vielversprechender Speicher für erneuerbare Energien. Wenn der Wind weht, spaltet Strom aus überschüssiger Windkraft Wasser und erzeugt Wasserstoff, der bis zu einem gewissen Anteil ins Erdgasnetz eingespeist werden kann. Moderne Klein-Gaskraftwerke in den Kellern von Wohngebäuden nutzen dieses »Windgas«, um per Kraft-Wärme-Kopplung Wärme und Strom zu liefern – eine Technik, die Greenpeace Energy bereits anbietet. Mit so erzeugtem Wasserstoff plus CO_2 kann man aber auch klimaneutrales Methan produzieren, das ebenfalls ins Gasnetz eingespeichert werden kann – womöglich sehr billig, weil keine neue Infrastruktur benötigt wird. [I21]

In Deutschland könnte laut Umweltbundesamt auf den Bau von 30 Kraftwerken à 700 Megawatt bis 2015 verzichtet werden, wenn Verbraucher, Kundinnen und Industrie alle Möglichkeiten zum Energiesparen ausschöpfen würden. Noch wichtiger als Stromsparen sind dabei Wärmedämmung und die Benutzung öffentlicher Verkehrssysteme statt des eigenen Autos.[I22]

Unter www.uba.klima-aktiv.de kann man seinen persönlichen CO_2-Fußabdruck berechnen und Energiesparmöglichkeiten checken.

In Deutschland gehen über 6 Millionen Menschen regelmäßig ins Fitnessstudio, viele von ihnen steigen aufs Fahrrad-Ergometer. Würde der so erzeugte Strom ins Netz gespeist, könnten sie eine ganze Stadt mit Licht versorgen.[I23]

Würde man deutsche Autobahnen als Energietrassen nutzen und mit Windrädern und Solarmodulen bestücken, könnte man sich wahrscheinlich das gesamte 440 Milliarden Euro teure Solarprojekt Desertec in Nordafrika sparen, das dem alten Irrweg der zentralen Energieversorgung folgt. Auf der A 10 bei Berlin wird solch eine Trasse bereits Wirklichkeit: Dort sollen Solaranlagen auch als Lärmschutz dienen.[I25]

Im Internet gibt es Server und Suchmaschinen, die sich um Klimaneutralität bemühen, etwa http://ecosia.org.

Solarstrom in Deutschland kann in sommerlichen Mittagsstunden bereits jetzt die Leistung von 18 Großkraftwerken ersetzen. Wind, Sonne und Biomasse werden schon in etwa 10 Jahren zeitweilig so viel Strom liefern, dass alle anderen Kraftwerke komplett abgeschaltet werden müssen. Die Steigerung auf 100% grünen Strom bis 2030 ist möglich.[I24]

Seit 2009 gibt China weltweit am meisten für erneuerbare Energien aus, gefolgt von Deutschland. China hat inzwischen 100 Gigawatt Windenergie installiert, 4-mal so viel wie die Bundesrepublik. In nur 5 Jahren haben sich die Chinesen beim Bau von Solarmodulen und Windkraft international an die Spitze gesetzt; allerdings bauen sie weiterhin Kohlekraftwerke. In Indien soll die Windenergie in den kommenden 10 Jahren 1/3 der benötigten Strommenge liefern.[I26]

Das Szenario »Roadmap 2050« der Europäischen Klimastiftung prognostiziert, dass in der EU eine vollständige Versorgung mit erneuerbaren Energien bis 2050 möglich ist und bis zu 6 Millionen neue grüne Jobs schaffen könnte. I27

Wenn auf jedem Hektar Acker der EU ein 100 Meter langer Baumstreifen gepflanzt würde, was nur 3% der landwirtschaftlichen Nutzfläche entspricht, könnten damit fast 20% der CO_2-Emissionen neutralisiert werden. Ungefähr dasselbe Ergebnis ist machbar, wenn alle europäischen Äcker auf pfluglosen Anbau und Gründüngung umgestellt oder jedes Jahr auf 1/10 dieser Flächen einmalig 10 Tonnen Pflanzenkohle pro Hektar eingearbeitet würden. Pflanzen- oder Biokohle wird durch Verschwelung von Biomasse hergestellt, sie entzieht dem Ökosystem CO_2 und macht durch ihre Struktur Böden äußerst fruchtbar. I28

Verschmutzungssteuern auf fossile Brennstoffe und umweltfeindliche Produktionsweisen sind nach Ansicht von Umweltexperten und Naturschützerinnen ein besseres Instrument als der Handel mit Emissions»rechten«, die auf der Annahme beruhen, es gäbe ein Recht auf Umweltverschmutzung. Bisher gibt es nach UN-Angaben nur in einem Dutzend Staaten irgendeine Art von Karbonsteuer, etwa in Australien oder Frankreich: Wer ein französisches Flugticket kauft, entrichtet eine Abgabe, die einem Fonds für Aidskranke zugutekommt. I29

Der Weltklimarat IPCC schätzt, bis 2050 könnten mehr als 3/4 des weltweiten Energieverbrauches aus erneuerbaren Energien stammen. I30

Wald, Boden, Feuchtgebiete und Meere sind die größten Klimaschützer auf Erden, sie speichern ungeheure Mengen CO_2. Würde jeder Mensch weltweit täglich einen Baum pflanzen, entzöge das der Atmosphäre bereits nach 2 Jahren so viel CO_2, dass eine neue Eiszeit beginnen würde. Wenn in den nächsten 100 Jahren mittels kompostierter Pflanzenkohle (Terra Preta) weltweit 10% mehr Kohlenstoff in die Böden eingearbeitet würde, könnte der CO_2-Gehalt der Atmosphäre auf vorindustrielles Niveau gesenkt werden. I31

10 VERKEHRSBESCHISS

Das Öl wird in wenigen Jahrzehnten zu Ende gehen – und damit das Zeitalter der Billigfossilwirtschaft. Der Höhepunkt der weltweiten Ölförderung (Peak Oil) liegt wahrscheinlich schon hinter uns, sodass Benzin mittel- und langfristig immer teurer wird. Das wird massive Konsequenzen für unsere ganze Lebensweise haben. Die Wirtschaft, süchtig nach Öl, wird sich von ihrer Droge verabschieden müssen – im Verkehr, in der Landwirtschaft, in der Chemie- und Plastikproduktion. Irgendwann wird sie merken, dass das in manchen Bereichen unverzichtbare Erdöl letztlich viel zu wertvoll ist, um in Motoren verbrannt zu werden. Auch das Autoland Deutschland, in dem Autobesitzende 1/6 ihrer Arbeitszeit nur für den Unterhalt ihrer Spritschlucker verwenden, wird eine neue Zukunftsperspektive entwickeln müssen.

Öl besteht aus Pflanzenmasse, die in Millionen von Jahren unterirdisch verpresst wurde. Jetzt, da der »unterirdische Wald« zu Ende geht, beginnt man den oberirdischen abzuholzen und auf den Flächen Agrosprit aus Mais oder Raps herzustellen. Das aber ist keine Alternative: Um nur 1/3 des heutigen Weltölbedarfs mit Energiepflanzen zu befriedigen, bräuchte man die gesamte Ackerfläche der Erde – die Menschheit müsste vor vollen Tankstellen verhungern.

Öl befeuert den Klimawandel, aber auch Kriege und bewaffnete Konflikte. Je früher sich Gesellschaften auf die kommenden öllosen Zeiten einstellen, desto problemloser wird der Übergang sein, desto schneller werden sie merken, dass damit auch neue Freiheiten winken: Freiheit von Abgasen, Staus und Lärm und den hiermit verbundenen Krankheiten. Es könnten neue Siedlungsformen entstehen, die nicht länger Arbeit und Freizeit auseinanderreißen, Fahrräder und Elektrobikes würden weiter boomen. Stünden nicht länger der Besitz von Verkehrsmitteln, sondern Teilen und Leihen im Mittelpunkt, könnten auf heutigen Autoverkehrsflächen Blumen und Gemüse sprießen. Und statt anonymer Großmärkte für Kofferraumkunden in den städtischen Peripherien, entstünden wieder Märkte regionaler Erzeuger – und Leute könnten wieder entdecken, dass es angenehmer ist, mit Marktfrauen und Nachbarn zu tratschen als mit dem Einkaufswagen.

Die Ölvorräte reichen noch gut 40 Jahre, wenn das jetzige Verbrauchsniveau beibehalten wird und der Preis nicht extrem steigt; die Erdgasreserven etwa 66 Jahre, die der Kohle 170 Jahre.[J1]

Der Höhepunkt der Ölförderung (Peak Oil) fand laut einer Bundeswehrstudie wahrscheinlich schon 2010 statt. Die weltweiten Fördermengen werden also immer geringer und das Öl teurer. Die Studie rechnet mit dramatischen Folgen bis hin zum Zusammenbruch von Weltwirtschaft und Welternährung, wenn nicht innerhalb von 15–30 Jahren Alternativen zur Billigölwirtschaft entwickelt werden. 95% aller Industrieprodukte können bislang nicht ohne Öl produziert werden, 15% der globalen Ölförderung werden von der Chemieindustrie verarbeitet.[J2]

In einem Jahr wird weltweit so viel Öl verbrannt, wie in 5,3 Millionen Jahren entstanden ist. Der Klimaforscher Hans Joachim Schellnhuber nennt das die »Diktatur des Jetzt«.[J3]

Die »versteckten Kosten« des Ölverbrauchs – die militärische Sicherung der Ölförderländer, der Dollarabfluss in Ölregionen und anderes – kosten die USA nach einer Berechnung der National Defense Council Foundation rund 300 Milliarden Dollar jährlich sowie Tausende einheimischer Jobs. Aufgeschlagen auf den Benzinpreis, läge dieser ungefähr doppelt so hoch. Mit dieser Summe könnten die USA ihr Energiesystem in ungefähr einem Jahrzehnt auf erneuerbare Energien umstellen.[J4]

Zu den 10 größten transnationalen Konzernen der Welt gehören 5 Öl- und Gaskonzerne: Royal Dutch Shell | Exxon Mobile | BP | Sinopec | China National Petroleum.[J5]

In Nigeria oder Russland wird bei der Ölförderung austretendes Begleitgas einfach abgefackelt. Jährlich 400 Millionen Tonnen CO_2 werden so in die Luft gepustet – das entspricht dem CO_2-Ausstoß von rund 500 Millionen Autos pro Jahr. Der russische Fackelruß geht in der Antarktis nieder und beschleunigt dort die Eisschmelze, da der schwarze Ruß Sonnenlicht absorbiert. Die Hälfte der Eisschmelze ist nach Schätzung von Wissenschaftlern auf Ruß zurückzuführen. Unwirtschaftlich ist das Ganze auch: Das in Nigeria jedes Jahr abgefackelte Gas hat einen Wert von 2,5 Milliarden Dollar.[J6]

Seit 1950 hat sich der internationale Warenaustausch mehr als verdreißigfacht. Die meisten Konzerne stellen ihre Produkte nicht mehr selbst her, sondern kaufen weltweit überall da ein, wo Arbeitskräfte und Vorprodukte am billigsten sind, und versehen das Endprodukt mit ihrem Markenlogo. Transportkosten fallen bisher kaum ins Gewicht.[J7]

Krabben aus Schleswig-Holstein werden per Kühllaster zum Pulen nach Marokko geschickt und wieder zurück, weil der Lohn für die pulenden Marokkanerinnen nur etwa 6 Euro pro Tag beträgt. Ökologischer Wahnsinn, aber betriebswirtschaftlich »sinnvoll«, denn Umweltschäden werden nicht mitgerechnet.[J8]

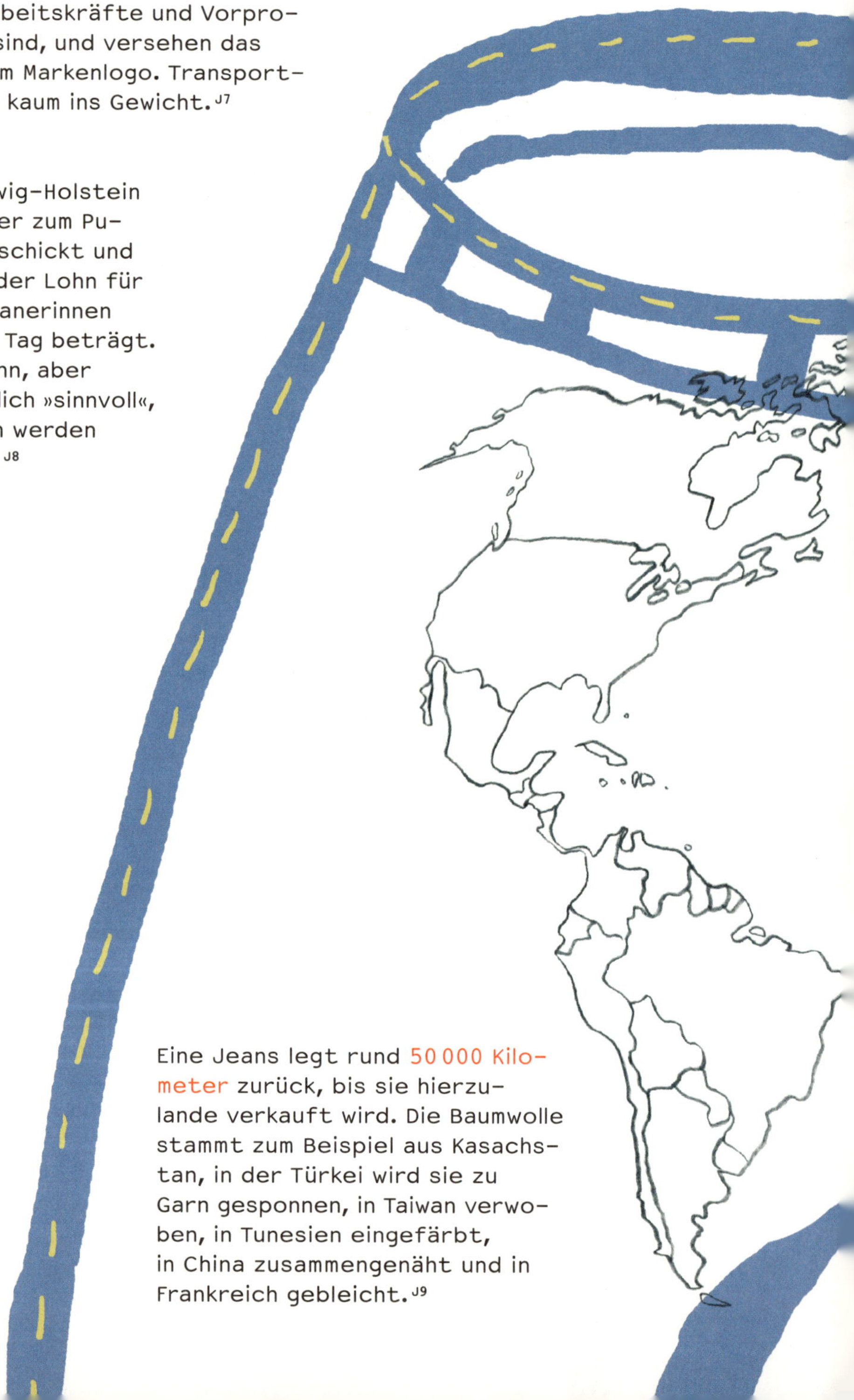

Eine Jeans legt rund 50 000 Kilometer zurück, bis sie hierzulande verkauft wird. Die Baumwolle stammt zum Beispiel aus Kasachstan, in der Türkei wird sie zu Garn gesponnen, in Taiwan verwoben, in Tunesien eingefärbt, in China zusammengenäht und in Frankreich gebleicht.[J9]

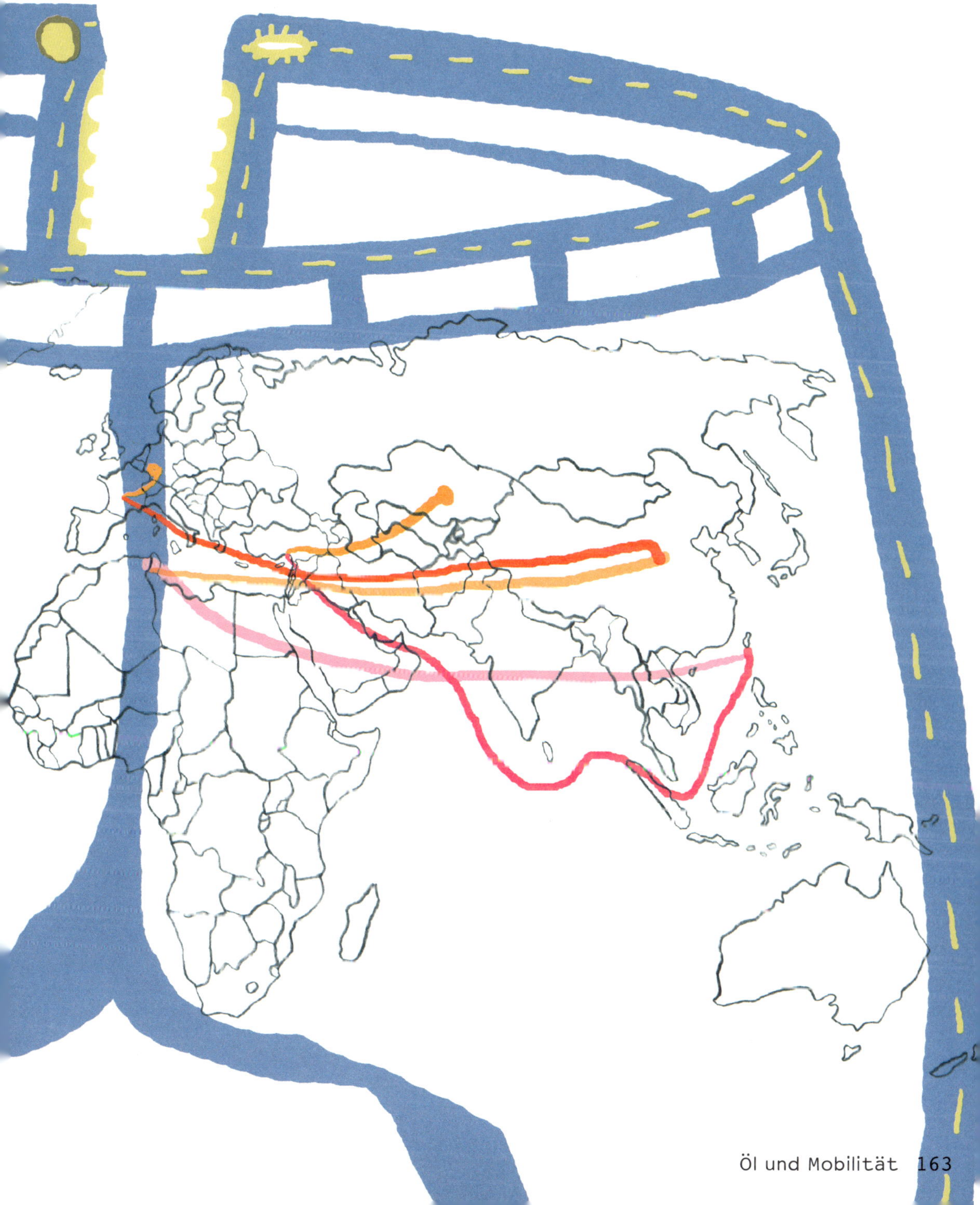

3900 Menschen starben 2011 durch

Der Radwegebau nimmt beim Bundesverkehrsministerium nur 0,4% des Etats ein (110 Millionen Euro). Mit den Zuschüssen für die Autoabwrackprämie 2009 hätte man den Radverkehr in Deutschland auf diesem Niveau 45 Jahre fördern können.[J11]

Die Hälfte aller Autofahrten sind kürzer als 6 Kilometer, doch auf diesen Distanzen ist das Auto meist langsamer und zudem wesentlich teurer als das Fahrrad. Per Rad kann man Abkürzungen fahren und sich die Einparkerei sparen; ein kalter Automotor verbraucht auf den ersten Kilometern bis zu 35 Liter Sprit pro 100 km.[J12]

Autobesitzende arbeiten in Deutschland im Schnitt rund 2 Monate im Jahr nur für ihren fahrbaren Untersatz. Die Gesamtkosten für einen Golf-Mittelklassewagen betragen nach Berechnung des Verkehrsclub Deutschlands rund 4500 Euro jährlich: für Versicherung | Steuern | Wartung | Wertverlust und Spritkosten bei einer Fahrleistung von 12000 Jahreskilometern. Ist das Auto größer, sind die Kosten noch höher. [J13]

Die Klimaanlagen vieler Autos arbeiten mit fluorierten F-Gasen. Diese wurden als Ersatzstoff für Kältemittel in Kühlschränken entwickelt, die das Ozonloch verursacht haben. Die neue Chemikalie schädigt massiv das Klima. [J14]

Derzeit gibt es weltweit rund 1 Milliarde Autos für etwa 7 Milliarden Menschen. 2010 wurden nach Angaben des Weltautomobilverbandes global knapp 78 Millionen Fahrzeuge hergestellt. Die bedeutendsten Herstellerländer waren China, Japan, die USA, Deutschland und Südkorea. In der Schweiz kommen 52 Autos auf 100 Einwohner, in Österreich 51, in Deutschland 50.[J15]

8 Millionen Menschen in Deutschland können keinen Lebensmittelladen mehr zu Fuß erreichen: Mehr als 20 000 kleinere Läden haben in den vergangenen 10 Jahren zugemacht; erst ab einem Einzugsgebiet von 8 000 Menschen gilt für die großen Handelsketten ein Laden als potenziell rentabel.[J16]

Lastwagen transportieren heute knapp 10-mal so viele Güter durch Deutschland wie die Bahn. Diese vernachlässigt seit ihrer Umwandlung zur Aktiengesellschaft den Gütertransport und baute etwa 1 000 angeblich unrentable Güterverladestellen ab.[J17]

Schneller fahren erbringt nach Studien von Verkehrswissenschaftlern keinen Zeitgewinn. Die Reisegeschwindigkeit hat sich in den letzten Jahrhunderten zwar fast exponentiell erhöht, aber die Wege, etwa von Berufspendlern, wurden immer länger und die Entfernungen immer größer – und damit auch der Zeitaufwand, um diese zurückzulegen.[J18]

95% aller Bahnfahrenden in Deutschland steigen in einen Regionalzug, nur 5% in einen IC oder ICE. Aber der Regionalverkehr wird zugunsten von überteuerten Fernverkehrsprojekten wie »Stuttgart 21« strategisch vernachlässigt. Die neue Hochgeschwindigkeitsstrecke zwischen Köln und Frankfurt etwa kostete rund 30 Millionen Euro pro Kilometer – dafür hätte man alle 10 Meter eine 300 000 Euro teure Villa bauen können.[J19]

Wollte man alle Autos in Deutschland mit Agrosprit versorgen, müsste man ganz Deutschland plus die Beneluxstaaten komplett mit Energiepflanzen bewirtschaften. Um beim heutigen Stand der Technik etwa 1/3 des weltweiten Ölbedarfs zu decken, bräuchte man die gesamte Ackerbaufläche der Welt.[J20]

Rund 2/3 aller Neuwagen in Deutschland werden als Dienstwagen zugelassen und steuerlich begünstigt. Die Nutznießer sind oft Gutverdienende, der Staat verliert dadurch jährlich rund 4,5 Milliarden Euro.[J21]

Die weltweit größte indirekte Subvention ist die Steuerbefreiung für Schiffs- und Flugtreibstoffe. Sie kommt einem Einnahmeverzicht der Staaten von jährlich über 300 Milliarden Dollar gleich.[J22]

Eine Flugreise nach New York und zurück verursacht umgerechnet etwa 4,2 Tonnen CO_2-Ausstoß pro Passagier. Zum Vergleich: Wenn das Klimaziel von höchstens 2 Grad plus noch erreicht werden soll, darf jeder Erdbewohner bis 2050 nur noch 2,7 Tonnen CO_2 jährlich verursachen.[J24]

Die Treibhausgas-Emissionen des weltweiten Verkehrs werden bis 2050 laut Umweltbundesamt um rund 130% steigen. Der Personenverkehr wird sich verdoppeln, der Güterverkehr um 140% zunehmen.[J23]

Frauen in Deutschland fahren öfter mit Rad, Bus oder Bahn als Männer. In der Bundesrepublik fährt eine Frau pro Jahr durchschnittlich rund 10 000 Kilometer mit dem Auto und bucht 0,8 Flüge, ein Mann legt im PKW im Schnitt jährlich fast 18 000 Kilometer zurück und fliegt fast 3-mal im Jahr.[J25]

Laut dem Klimaforscher Ottmar Edenhofer wird jede Tonne CO_2 im globalen Maßstab mit 9 Euro subventioniert.[J26]

22% aller befragten Bundesbürger zählen laut Umweltbundesamt zu den »Umweltrhetorikern«: Sie geben zwar vor, Klimaschutz sei ihnen wichtig, verhalten sich aber nicht danach. Auch bei der Gruppe der »Umweltengagierten« (25%) ist das Auto das bevorzugte Verkehrsmittel, auch sie buchen häufig Billigflugreisen.[J27]

Von 1 Zentner Getreide kann sich ein Mensch 2 1/2 Monate lang ernähren. Als Agrosprit im Tank eines Mittelklassewagens käme man mit dieser Menge nur von Hamburg bis Hannover. Von 1 Kilogramm Weizen kann sich ein Mensch 1,5 Tage ernähren, ein Auto schafft es mit dem daraus gewonnenen Ethanol keine 3 Kilometer weit.[J28]

Die grün-wählende Mittelschicht und die »Lohas« gehören wegen ihrer vielen Fernflüge zu den schlimmsten Umweltsündern in Deutschland. Die wirklichen Umweltschützer sind die Sozialhilfeempfänger: Sie fliegen nicht um die halbe Welt und fahren kaum Auto.[J29]

Mit Ökosteuern könnte der deutsche Staat nach einem Vorschlag des Forums Ökologisch-Soziale Marktwirtschaft jährlich 16–52 Milliarden Euro einnehmen – unter anderem durch angemessene Dienstwagenbesteuerung, Flugbenzinabgaben und emissionsabhängige Zulassungssteuern für Autos. Mit den Einnahmen ließen sich ein effektives Klima- und Naturschutzprogramm sowie zahlreiche grüne Jobs finanzieren.[J30]

Der Anteil junger Leute sinkt, die das Auto für ein erstrebenswertes Statussymbol halten. Zwischen 2007 und 2010 nahm die Zahl der Führerscheinprüflinge um etwa 11% ab.[J31]

Mehr als 250 zumeist kleinere Städte und Gemeinden haben sich zur weltweiten Bewegung der Transition Towns zusammengeschlossen und bereiten sich kreativ auf den Übergang (»transition«) in das ölfreie Zeitalter vor. Auf www.transition-initiativen.de findet man zahlreiche dieser Gruppen – etwa in Berlin, Bern, Bielefeld, Freiburg, Genf, Hamburg, Hannover, Innsbruck, Leipzig, Münster, Salzburg, Wien, Zürich und anderen Orten.

Rund die Hälfte der Bundesbürger ist laut einer Umfrage offenbar bereit, Dinge des täglichen Gebrauchs mit Nichtfamilienmitgliedern zu teilen – auch das Auto. 49% der Befragten würden es anderen zur Verfügung stellen. Frauen sind dabei teilungswilliger als Männer.[J32]

Car-Sharing rechnet sich laut Ökoinstitut Freiburg für alle, die nicht mehr als 10 000 Kilometer pro Jahr fahren. Eine Übersicht der Anbieter gibt es bei www.ecotopten.de.

In der belgischen 72 000-Seelen-Stadt Hasselt ist der öffentliche Nahverkehr gratis – und rechnet sich, weil mehr Gäste und Besucherinnen in das Stadtzentrum strömen. J33

In Zukunft könnte eine Vielfalt von Verkehrsmitteln passgenau die Bedürfnisse der Menschen befriedigen: Flexibusse, die Räder mitnehmen und vor der Haustür halten, Sammeltaxis, Solarfähren und vieles mehr. Neue Verbundsysteme würden es möglich machen, dass Menschen auf weiteren Strecken mit der Bahn fahren und in Bahnhöfen auf E-Bikes, Elektroroller oder -autos umsteigen.

Selbst Fliegen ist längerfristig mit Sonnenkraft möglich – oder mit Treibstoff aus CO_2-gefütterten Algen. Ein Solarflugzeug flog im Mai 2011 erstmalig von der Schweiz nach Belgien. J34

Tante-Emma-Läden kommen zurück. Nachdem große Supermärkte viele Dorfläden kaputt gemacht haben, organisieren Bürger mancherorts ihre eigenen Läden. Auch wegen der Begegnungsmöglichkeiten: Auf einem ländlichen oder städtischen Markt haben Menschen 10-mal so viele soziale Kontakte wie in einem Supermarkt. J35

Containerschiffe können mit Windsegeln 10–50% ihres Treibstoffs einsparen. Sogenannte Skysails amortisieren sich nach etwa 5-jährigem Betrieb. J36

Der globale Krieg ums Öl fällt wegen Benzinmangels wahrscheinlich aus – diese Schlussfolgerung lässt sich aus der Bundeswehr-Studie »Peak-Oil« ziehen. J37

11 RÜSTUNGSBESCHISS

Zu den schmutzigsten Geschäften der Welt zählt der Waffenhandel. Viele Industrieländer führen zwar selbst keine Kriege mehr, aber sie exportieren den Krieg in Form von Panzern und Kleinwaffen in andere Teile der Erde. Deutschland ist inzwischen drittgrößter Rüstungsexporteur der Welt: Mit deutschen Gewehren haben arabische Sicherheitskräfte Aufständische getötet; tagtäglich werden damit ungefähr 100 Menschen irgendwo auf dem Globus erschossen; deutsche Rüstungslieferungen an Griechenland waren dort Mitverursacher der extremen Staatsverschuldung. »Rüstungsbeschiss« ist überall.

Die Kosten, die Kriegsgewalt und Rüstungsausgaben jährlich weltweit verursachen, machen insgesamt fast 10 Billionen Dollar aus. Wenn man dieses Geld in Programme zum Nutzen von Mensch und Natur investieren könnte, in Armutsbekämpfung, Klimaschutz, Gesundheit und Bildung, dann wären die schlimmsten Probleme der Menschheit gelöst.

Politiker und Militärs behaupten gerne, man brauche Armeen weiterhin zur »Verteidigung der Freiheit« – womit sie oftmals die Verteidigung von Rohstoffen meinen – oder für »humanitäre Interventionen«. Militärische Interventionen aber, das zeigen der Irak und Afghanistan, sind das teuerste und ineffektivste Mittel, um politische Veränderungen durchzusetzen. Menschenrechte und Demokratie kann man nicht von oben einpflanzen, sie müssen von unten erkämpft werden – wie derzeit im arabischen Raum. Wäre das Militär ein normales Unternehmen, es wäre längst vom Markt gefegt – wegen extremer Kosten und null Ergebnissen.

Einige wenige Staaten auf der Welt zeigen, dass es sich sozial auszahlt, ohne Militär zu leben. Wenn der politische Wille da wäre, könnten sich die UN-Mitgliedsländer auf eine koordinierte schrittweise Abrüstung aller nationalen Armeen verständigen. Parallel dazu könnten die Instrumente der Krisenprävention und der zivilen Konfliktbearbeitung zum Einsatz kommen und weiterentwickelt werden. Gerade in Deutschland gibt es dazu viele hoffnungsvolle Projekte als Alternativen zu Militär und Waffendienst.

Die weltweit konfliktreichsten Nationen
laut Globalem Friedensindex 2011:

Somalia | Irak | Sudan | Afghanistan | Nordkorea

Und die friedlichsten:

Island | Neuseeland | Japan | Dänemark | Tschechien

Österreich kommt auf Platz 6,
Deutschland auf Platz 15,
die Schweiz auf Platz 16.[K1]

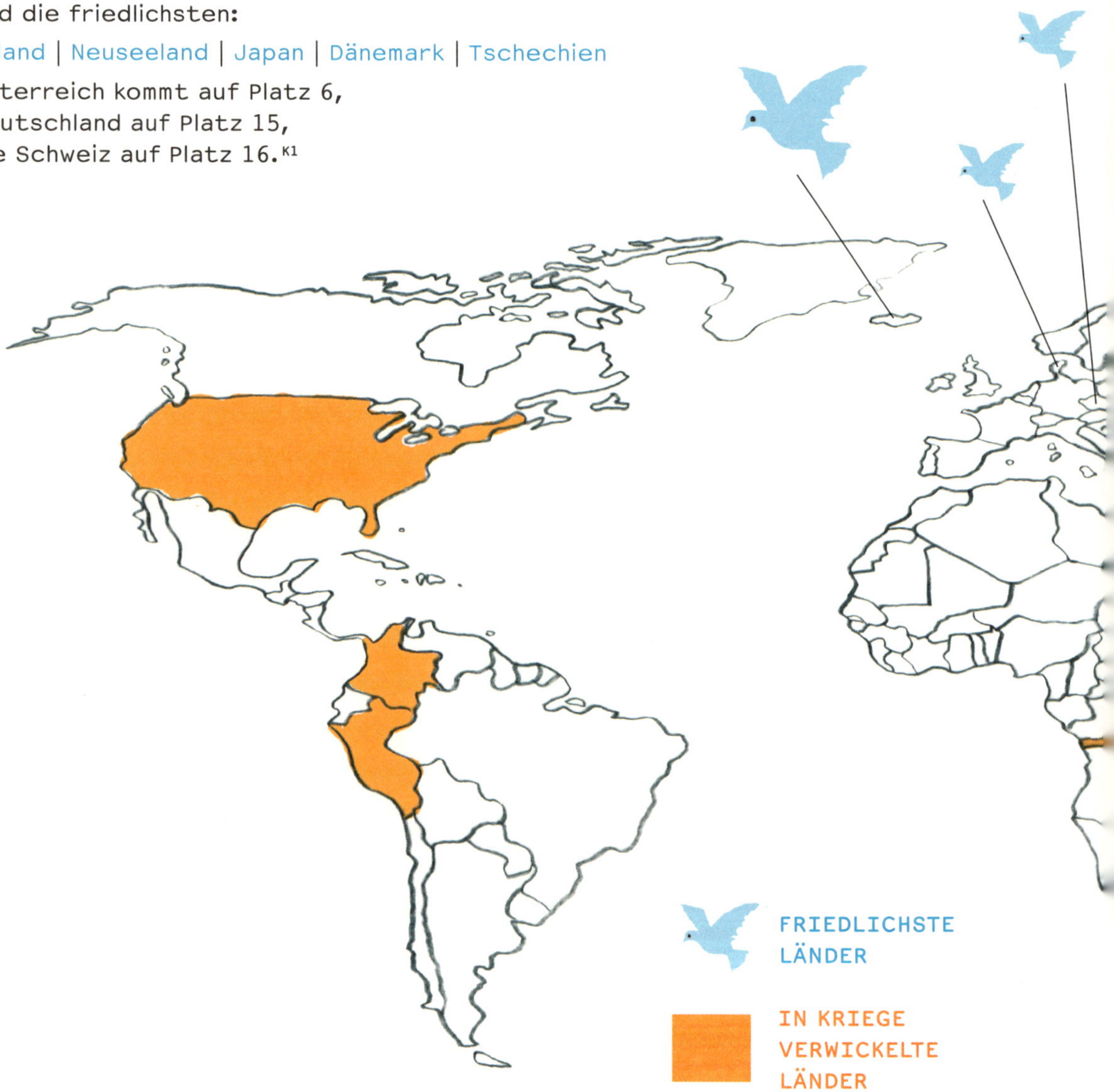

Krieg und Gewalt kosteten die Weltwirtschaft laut Global Peace Index 2010 mehr als 8 Billionen Dollar. Mit 1/4 dieser Summe könnten die schlimmsten Auswirkungen des Klimawandels verhindert, die UN-Entwicklungsziele umgesetzt, die Staatsschulden von Griechenland, Portugal und Irland getilgt und die Folgen des Erdbebens in Japan angegangen werden.[K2]

Im Jahre 2010 gab es nach Zählung des Stockholmer Friedensforschungsinstituts SIPRI weltweit 15 größere Kriege oder bewaffnete Konflikte:

Afghanistan | Indien (Kaschmir) | Irak/USA | Israel/Palästina | Kolumbien | Myanmar | Pakistan | Peru | Philippinen | Ruanda/Kongo | Somalia | Sudan | Türkei (Kurdistan) | Uganda[K3]

Jeder 5. Bürgerkrieg wird vom Wetterphänomen El Niño mitverursacht, so eine Studie von Solomon Hsiang von der Columbia University. Im Untersuchungszeitraum von 1950 bis 2004 brachen in den Jahren, in denen El Niño Hitze und Dürre massiv verstärkte, doppelt so viele Bürgerkriege aus wie in anderen.[K4]

Die Zahl der Kriege geht derzeit zurück. Global gesehen tötete Kriegsgewalt zwischen 2000 und 2010 durchschnittlich rund 55 000 Menschen pro Jahr; in den 1990ern gab es etwa 100 000 und im Kalten Krieg von 1950 bis 1989 rund 180 000 Kriegstote pro Jahr.[K5]

TOP 10 MILITÄR-AUSGABEN

3/4 der weltweiten Militärausgaben entfielen auf diese 10 Staaten[K6]

Der US-Militärhaushalt machte 2010 43% der weltweiten Rüstungsausgaben aus. Er war 6-mal so groß wie der Chinas. Pro Tag gibt das US-Militär knapp 2 Milliarden Dollar aus.[K6]

Die weltweiten Rüstungsausgaben betrugen 2010 mehr als 1,6 Billionen Dollar. Das macht umgerechnet pro Kopf der Weltbevölkerung 228 Dollar. Dieses Geld würde ausreichen, um die UN-Entwicklungsziele bis 2015 zu verwirklichen, die schwerste Armut zu beseitigen, den Welthunger zu beenden und die schlimmsten Diskriminierungen von Mädchen und Frauen zu stoppen.[K7]

Der reguläre Jahresetat der Vereinten Nationen betrug 2010/2011 2,6 Milliarden Dollar – nur wenig mehr, als das US-Militär an einem Tag kostet. Hinzu kamen Sonderausgaben sowie Ausgaben für das Peacekeeping-Programm ihrer »Blauhelme« von rund 7 Milliarden Dollar – das entspricht knapp 0,5% der weltweiten Militärausgaben.[K8]

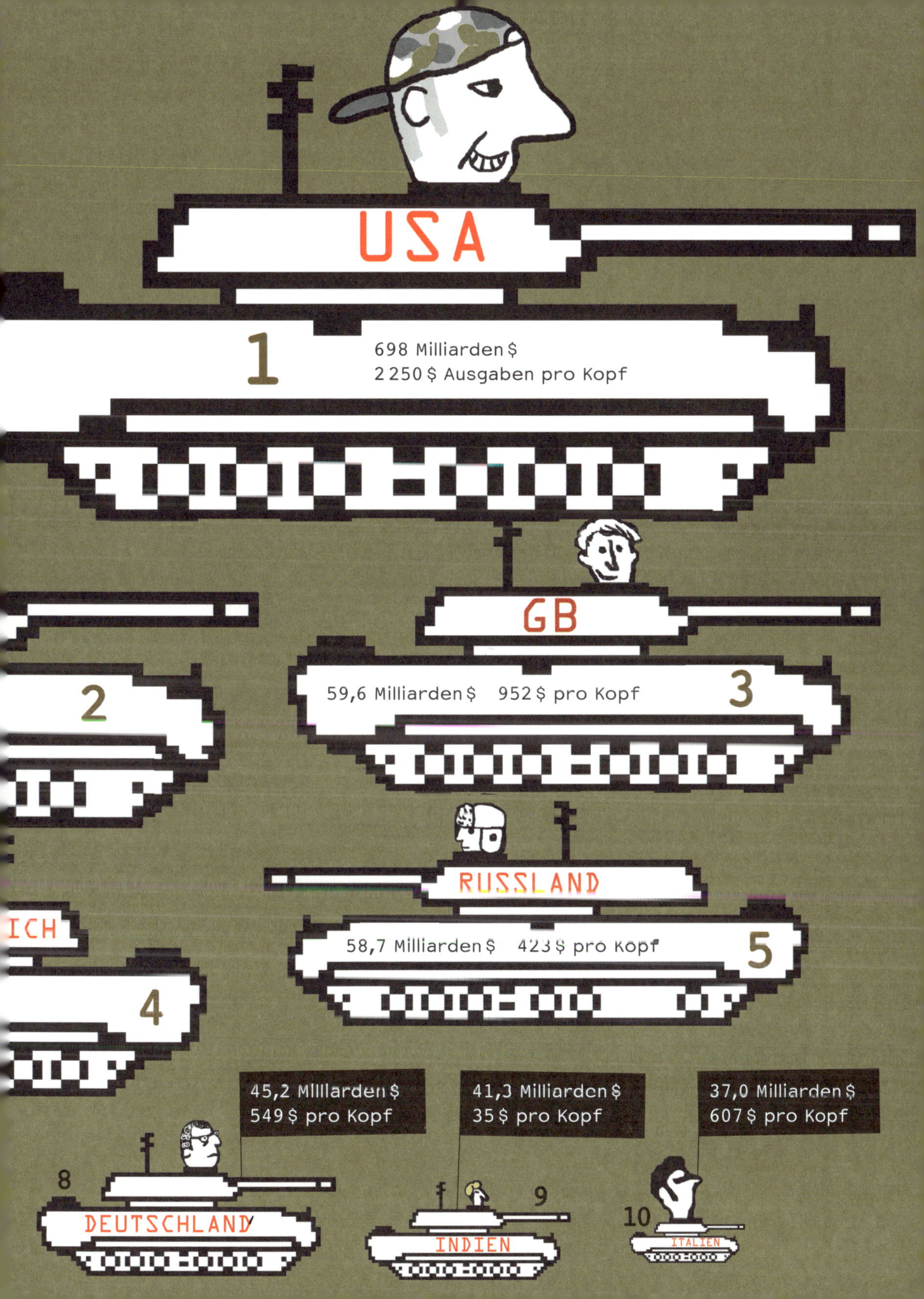
USA
1
698 Milliarden $
2 250 $ Ausgaben pro Kopf
GB
3
59,6 Milliarden $ 952 $ pro Kopf
2
RUSSLAND
5
58,7 Milliarden $ 423 $ pro Kopf
ICH
4
45,2 Milliarden $
549 $ pro Kopf
8
DEUTSCHLAND
41,3 Milliarden $
35 $ pro Kopf
9
INDIEN
37,0 Milliarden $
607 $ pro Kopf
10
ITALIEN

8 Staaten – USA | Russland | Großbritannien | Frankreich | China | Indien | Pakistan | Israel – besaßen 2011 gemeinsam mehr als 20 500 Atomwaffen. 5 000 Atomwaffen waren stationiert, davon wurden fast 2 000 in erhöhter Alarmbereitschaft gehalten. Die weltweiten militärischen Bestände des hochgiftigen Plutoniums betrugen ungefähr 237 Tonnen, die Zivilbestände 248 Tonnen.[K9]

Hunderte Menschen starben bei Aufständen des arabischen Frühlings durch deutsche Waffen, unter anderem durch G36-Sturmgewehre von Heckler & Koch, die an Gaddafis Truppen geliefert wurden. Nach einer Studie von Amnesty International haben deutsche Firmen von 2005 bis 2009 Kleinwaffen, Militärfahrzeuge und Munition im Wert von 77 Millionen Euro nach Ägypten, Jemen, Syrien und Libyen exportiert. 2012 sollen in einem Geheimgeschäft 270 deutsche Leopard-2-Panzer an das repressive Saudi-Arabien geliefert werden.[K10]

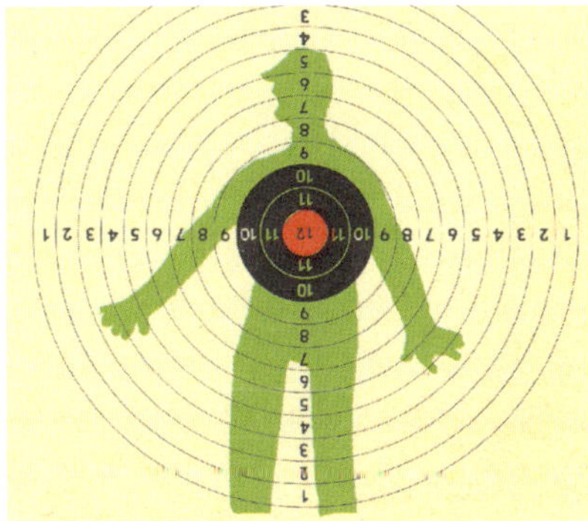

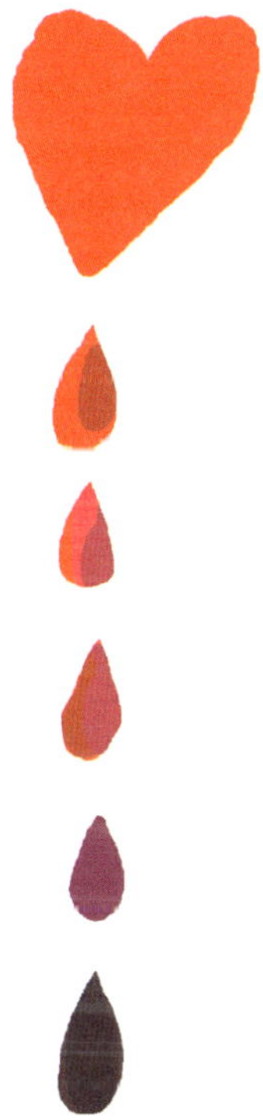

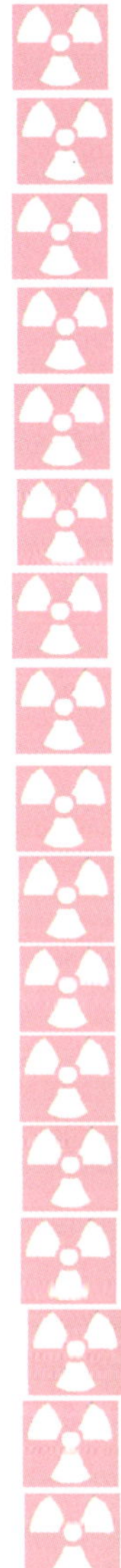

In vielen Ländern Afrikas, in Nahost, im Iran, in Bosnien und Darfur werden Kriege mit geschmuggelten oder lizenzierten Waffen made in Germany geführt. Nach Schätzung des Waffenforschers und Friedensaktivisten Jürgen Grässlin stirbt durchschnittlich alle 14 Minuten ein Mensch irgendwo auf der Welt durch die Kugel aus einer Waffe von Heckler & Koch. Insgesamt mehr als 1,5 Millionen Menschen seien mit H & K-Waffen erschossen und noch viele mehr verwundet und verstümmelt worden.[K11]

Deutschland ist nach den USA und Russland weltweit der drittgrößte Rüstungsexporteur mit einem Weltmarktanteil von rund 11%. Die Rüstungsausfuhr 2010 steigerte sich im Vergleich zum Vorjahr um fast 62%. Hauptkunden der deutschen Waffenhersteller sind das auch wegen seiner Waffenimporte hoch verschuldete Griechenland (zu 15%), Südafrika (zu 11%) und die Türkei (zu 10%).[K12]

Bis zu 800 Millionen Gewehre und Pistolen kreisen derzeit um die Welt, gut 1 für jeden 10. Menschen. Nach Schätzung des Internationalen Konversionszentrums Bonn (BICC) sind das rund 100 Millionen russische Kalaschnikows, etwa 15 Millionen deutsche G3, ungefähr 10 Millionen israelische Uzi, etwa 8 Millionen M16 aus den USA und rund 400 000 deutsche G36. 95% der Kriegsopfer werden durch solche Kleinwaffen getötet, diese sind die wahren Massenvernichtungswaffen.[K13]

Studien gehen davon aus, dass Korruption im Waffenhandel 40% der gesamten Korruption bei globalen Transaktionen ausmacht.[K14]

Die Bundeswehr vergab 2010 Forschungsaufträge im Wert von 4,6 Millionen Euro an 23 Universitäten. Zwischen 2000 und 2010 erhielten insgesamt 48 Hochschulen Gelder für Rüstungsforschung. Die Uni Tübingen etwa bekam seit 2002 rund 1,5 Millionen vom Verteidigungsministerium.[K15]

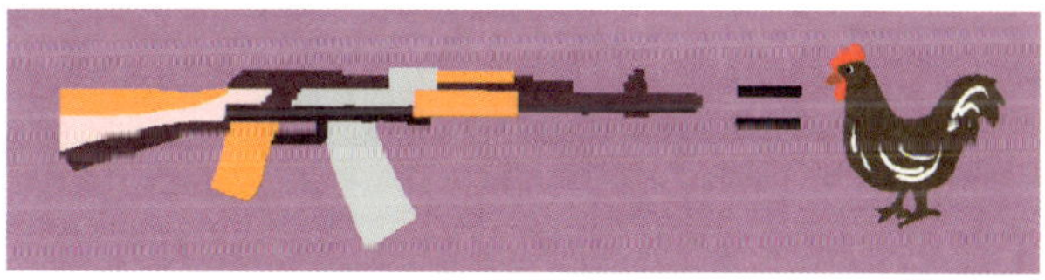

In Uganda kostet eine Kalaschnikow so viel wie ein Huhn, in Mosambik so viel wie ein Sack Mais.[K16]

Die Kosten des US-»Krieges gegen den Terror« übersteigen inzwischen die Kosten des Zweiten Weltkrieges. Die Gesamtkosten für die Kriege in Irak und Afghanistan plus die Militäreinsätze in Pakistan betragen laut einer Studie der Brown University bis zu 4 Billionen Dollar: mehr als 3-mal so viel wie die Summe, die der US-Kongress seit den Anschlägen vom 11. September 2001 bewilligte. Offiziell seien nur 1,3 Billionen genehmigt, so die Studie; wenn man aber weitere reale Kosten des Pentagon, Kriegsanleihen und den einheimischen »war on terror« in Höhe von 400 Milliarden dazurechne, komme man auf 3,6–4 Billionen Dollar.[K17]

In Afghanistan liegt das Bruttosozialprodukt unter 500 Dollar pro Kopf und Jahr. Die Militärkosten der Interventionsstaaten liegen zusammengerechnet bei fast 2000 Dollar pro Kopf und Jahr – das ist die 4-fache Summe. Hätte man wenigstens einen Teil dieses Geldes in die Entwicklung der Landwirtschaft gesteckt, von der dort mehr als 70% der Bevölkerung leben, müsste wohl niemand mehr hungern.[K18]

Der inzwischen von allen Seiten als gescheitert eingeschätzte Afghanistan-Einsatz kostete Deutschland nach Berechnung des Wirtschaftsinstitutes DIW von 2001 bis 2011 insgesamt rund 17 Milliarden Euro: 3-mal so viel wie die von der Bundesregierung offiziell veranschlagten 5,5 Milliarden Euro. Das Forscherteam überschlug alle entstehenden Kosten für die deutschen Steuerzahlenden wie Soldatensold, Materialbeschaffung, Entwicklungsprojekte, Traumabehandlungen und anderes. Einschließlich Kreditzinsen komme man auf rund 35 Milliarden Euro Gesamtkosten bis 2014. Umgerechnet auf die afghanische Bevölkerung sind das bis zu 1350 Euro pro Kopf.[K19]

In den Kriegen im Irak und Afghanistan starben nach UN-Statistiken mindestens 137000 irakische und afghanische Zivilisten sowie rund 31000 Soldaten der USA und ihrer Alliierten. Etwa 7,8 Millionen Menschen wurden zu Flüchtlingen.[K20]

Mit dem Geld für eine einzige Fregatte 125 in Höhe von 650 Millionen Euro könnte die Bundesregierung in Afghanistan die Schulen für 9 Millionen Kinder 9 Jahre lang betreiben.[K21]

Seit 1995 haben fast 1 000 Bundeswehrsoldaten wegen eines Kriegstraumas einen Antrag auf Anerkennung ihrer Wehrdienstbeschädigung gestellt. Viele in Auslandseinsätzen traumatisierte Soldaten stellen jedoch keine Anträge, aus Angst, vor Vorgesetzten und Kameraden als »Weicheier« dazustehen. Aus finanziellen Gründen hat die Bundeswehrverwaltung nicht einmal 1/3 dieser Anträge anerkannt.[K22]

97% der afghanischen Wirtschaft sind laut einer Schätzung der Weltbank vom internationalen Militär und ausländischen Geldern abhängig. Das hochmilitarisierte Afghanistan ist auf sich gestellt ökonomisch nicht mehr lebensfähig.[K23]

Allein der Betrieb von Klimaanlagen für US-Soldaten, die in Afghanistan und dem Irak schwitz(t)en, kostet mehr als 20 Milliarden Dollar pro Jahr, hat der pensionierte US-General Steven Anderson errechnet. Das liegt vor allem am aufwendigen Transport des dafür nötigen Benzins. Die Kosten für die Klimaanlagen sind höher als das Budget der US-Raumfahrtbehörde NASA oder die Zahlungen von BP für die Schäden nach der Ölkatastrophe im Golf von Mexiko.[K24]

SO KANN ES AUCH GEHEN

Das mittelamerikanische Costa Rica hat 1949 die Armee per Verfassung abgeschafft. Während seine Nachbarstaaten, etwa Nicaragua oder El Salvador, Militärputsche und Bürgerkriege in Serie erlebten, genießen die 4 Millionen Costa Ricaner seitdem Frieden. Die Abschaffung des Militärs hat die demokratische und soziale Entwicklung stark gefördert, Gelder flossen statt ins Militär in den Ausbau des Gesundheits- und Bildungssystems.[K25]

Eine bessere Ausstattung der UNO und ihrer Friedensmissionen zahlt sich aus. In den 1990er-Jahren brach in rund der Hälfte aller Nachkriegsländer nach Einstellung der Kampfhandlungen wieder ein Krieg aus. Diese Zahl ist in der letzten Dekade auf 12% zurückgegangen – vor allem durch ein koordinierteres Vorgehen von UN-Friedenstruppen.[K26]

Die UN-Mitgliedsstaaten könnten in koordinierten Schritten die Rüstungsausgaben herunterfahren und in zivile Aufgaben umleiten. Als Ersatz für nationale Armeen könnte eine stehende UN-Friedenstruppe als Weltpolizist bei Konflikten eingreifen.[K27]

In Deutschland fördern Organisationen wie die Plattform zivile Konfliktbearbeitung, der Zivile Friedensdienst und andere die Krisenprävention und zivile Konfliktbearbeitung. Damit können Kriege und bewaffnete Konflikte verhindert werden. Wie viele genau, weiß niemand zu sagen, weil ein ausgebliebenes Ereignis nicht dokumentiert werden kann.[K28]

Ein Beispiel für wirksame zivile Konfliktbearbeitung sind die Freiwilligen der Peace Brigades International, die als Schutzbegleitung für bedrohte Menschenrechtsverteidiger und Umweltaktivistinnen arbeiten. Ihre einzigen Waffen sind ihr Handy und ihr Kontakt zur Weltöffentlichkeit, zu internationalen Organisationen und Behörden.
Eine arbeitsaufwendige, aber effektive Strategie: Seit Gründung der Friedensbrigaden wurde keine Person während ihrer Schutzbegleitung umgebracht.[K29]

Die Einbeziehung von Frauen in Friedensverhandlungen und den nationalen Wiederaufbau von Nachkriegsländern macht Friedensprozesse nachweislich gerechter, stabiler und dauerhafter.[K30]

Gewaltfreie Aufstände von Menschen, die Diktaturen überwinden und Selbstbestimmung erreichen wollten, waren nach einer Untersuchung der Professorin Erica Chenoweth von der University of California zwischen 1900 und 2006 mehr als doppelt so häufig erfolgreich wie bewaffnete Aufstände, die dieselben Ziele verfolgten.[K31]

Regionales Wirtschaften fördert den Frieden: Selbstversorger-Gesellschaften beginnen keine Kriege um Öl, Wasser, Nahrung oder andere Ressourcen.

Seit Abschaffung des Wehrdienstes in Deutschland wollen weniger als 0,4% eines Jahrgangs zur Bundeswehr.[K32]

12 GLÜCKSBESCHISS

Heutzutage ist eine ganze Flottille von Forschern und Wissenschaftlerinnen damit beschäftigt, festzustellen, wo, wie sehr und warum Menschen glücklich sind. Ihre Erkenntnis: Nichts macht uns glücklicher als Liebe und Freundschaft, also glückende Verbindungen zu anderen Menschen. Eine ebenso wichtige Zutat zur Lebenszufriedenheit sind Selbstbestimmung und das Gefühl, eine sinnvolle und nützliche Tätigkeit zu verrichten. In Ländern mit vergleichsweise hoher sozialer Toleranz und vielen Mitbestimmungs- und Wahlmöglichkeiten – direkte Demokratie, Volksentscheide, Antidiskriminierungsmaßnahmen und dergleichen – sind die Menschen deshalb eindeutig glücklicher.

Mit materiellem Reichtum hat das alles kaum zu tun. Menschen brauchen zwar ein gewisses Grundeinkommen, das sie befähigt, ohne Not und existenzielle Ängste zu leben. Das subjektive Glücksgefühl von Bewohnern ärmerer Länder steigt an, wenn ihre Staaten sich entwickeln. Ist aber ein gewisses Level erreicht, bleibt der durchschnittliche Glücksspegel mehr oder weniger konstant oder sinkt sogar. In den USA etwa fühlen sich Menschen trotz gestiegenem Einkommen laut Umfragen heute wesentlich unglücklicher, einsamer und depressiver als in den 1950ern, ähnlich sieht es in Deutschland aus. Wohlergehen und Wohlstand haben sich entkoppelt – auch für die Superreichen: Laut dem US-Psychologen Ed Diener, der 50 Multimillionäre interviewte, sind diese kaum zufriedener als der Durchschnitt.

Viele Menschen sind in einer »Statustretmühle« gefangen, wie es der Glücksforscher Mathias Binswanger nennt. Weil sie sich »nach oben« orientieren und sich daran messen, ob sie irgendwann gleich viel besitzen wie die Geldelite, wollen sie mehr und mehr verdienen und werden dabei immer gestresster und unfähiger, das Leben zu genießen – sie bescheißen sich selbst um ihr Glück. Das trifft auch auf die meisten Banker, Spekulanten und Konzernchefs zu, die davon getrieben sind, mit ihrem Vermögen ihre Kollegen zu übertrumpfen. Innerhalb des bestehenden Konkurrenzsystems ist dieses Problem unlösbar, und durch gesellschaftliche Ungleichheit wird es noch verschärft. In Ländern mit großer Ungleichheit sind die Menschen laut Studien unglücklicher, misstrauischer, einsamer, kränker und sogar dicker; sie erleben auch mehr Gewalt und Kriminalität. Ungleichheit scheint wie ein Schadstoff alle Bereiche einer Gesellschaft zu durchdringen und zu vergiften.

Hier hilft nur die Strategie der Gleichheit, Angleichung und Umverteilung. Je egalitärer die Verhältnisse sind, desto weniger herrscht Neid, desto zufriedener sind alle.

Die allgemeine Lebenszufriedenheit der Deutschen ist laut Umfragen des Sozioökonomischen Panels von 1990 bis 2009 trotz Einkommenssteigerungen gesunken. In Ostdeutschland liegt sie generell niedriger als in Westdeutschland. Arme, Erwerbslose, schlecht Qualifizierte und frisch Geschiedene sind am unzufriedensten. 2010 sahen 77% aller Befragten den Unterschied zwischen Arm und Reich als den stärksten Interessengegensatz in der deutschen Gesellschaft.[L1]

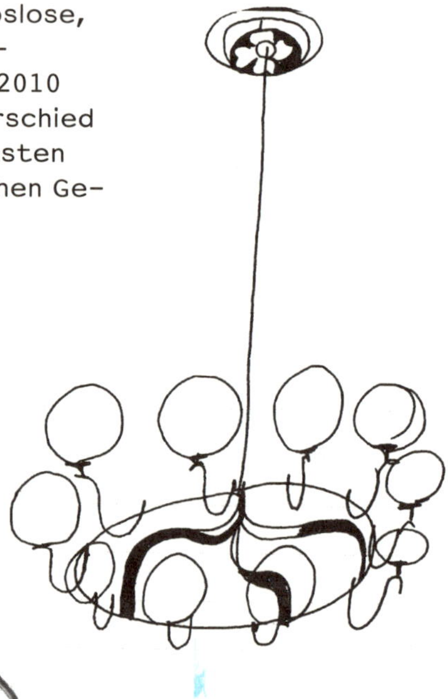

Während das Bruttosozialprodukt in der Bundesrepublik pro Kopf von 1973 bis 2003 um 60% stieg, sank parallel dazu die Lebenszufriedenheit um 10%. In den USA hatte die Glücksrate der Bevölkerung 1957 ihren Höchststand erreicht und sinkt seitdem.[L2]

Eine junge Frau in Hamburg mit sicherem Job und Partner ist laut Glücksatlas 2011 mit hoher Wahrscheinlichkeit wesentlich glücklicher als ein verwitweter Rentner in Thüringen. Die Bewohner Hamburgs zeigen sich am zufriedensten mit ihrem Leben, es folgen Niedersachsen und Nordsee-Anrainer sowie Bayern. Schlusslichter sind Mecklenburg-Vorpommern und Brandenburg sowie Thüringen.[L3]

Dänen gehören laut einer vor der Eurokrise getätigten Umfrage von 2011 zu den glücklichsten Europäern: 96% gaben an, persönlich glücklich zu sein. Es folgten Griechen (80%) und Italiener (79%). Schweizer kamen auf 71%, Österreicher auf 63%, Deutsche lagen mit 61% auf dem drittletzten Platz vor Polen (50%) und Russen (37%). Überall waren Frauen glücklicher als Männer und Landbewohner zufriedener als Städter. Nach einer anderen EU-weiten Umfrage von 2008 sind Dänen, Finnen, Schweden und Norweger am glücklichsten.[L4]

Je größer die Kluft zwischen Armen und Reichen ist, desto weniger Vertrauen herrscht unter den Menschen. Nach Umfragen des World Values Survey war das Vertrauensniveau in skandinavischen Ländern am höchsten. 66% der befragten Schweden stimmten dem Satz zu: »Den meisten Menschen kann man trauen.« In US-Bundesstaaten stieg das Misstrauen mit dem Grad der Ungleichheit zwischen dessen Bewohnern. Die Vertrauensquote in den ganzen USA lag 2004 bei weniger als 40%.[L5]

Ungleichheit macht alle Menschen unglücklich – auch die Bessergestellten. Nach den Ergebnissen einer weltweiten Untersuchung von Kate Pickett und Richard Wilkinson verschärft Ungleichheit den Statuswettbewerb und erzeugt sozialen Stress und Abstiegsängste. In Ländern mit hoher Ungleichheit sinkt das Vertrauensniveau, dafür steigen Statuskonkurrenz, Gewalt und Kriminalität sowie die Angst vor ebenjener Kriminalität.[L6]

Menschen aus Regionen mit hoher Ungleichheit – wie den USA, Singapur oder Großbritannien – haben im Schnitt eine geringere Lebenserwartung und sind kränker als Menschen aus vergleichsweise egalitären Ländern. Der Unterschied in der Lebenserwartung zwischen weißen Reichen und schwarzen Armen in den USA beträgt laut medizinischen Studien rund 28 Jahre. Für männliche Schwarze in Harlem sind die Chancen, das 65. Lebensjahr zu erreichen, geringer als für die männlichen Einwohner von Bangladesch. In Deutschland leben reiche Männer fast 11 Jahre länger als arme.[L7]

Die Zunahme von Konkurrenz und Bewertungsdruck in Ländern mit hoher Ungleichheit führt zu höheren Pegeln von Stresshormonen, Gesundheitsproblemen und Burnout in der Bevölkerung. Jeder 4. Mensch in den USA litt 2008 an psychischen Störungen, mehr als die Hälfte der US-Amerikaner wurde im Verlaufe ihres Lebens psychisch krank; das Ausmaß der Angstgefühle hat in den letzten 40 Jahren ständig zugenommen.[L8]

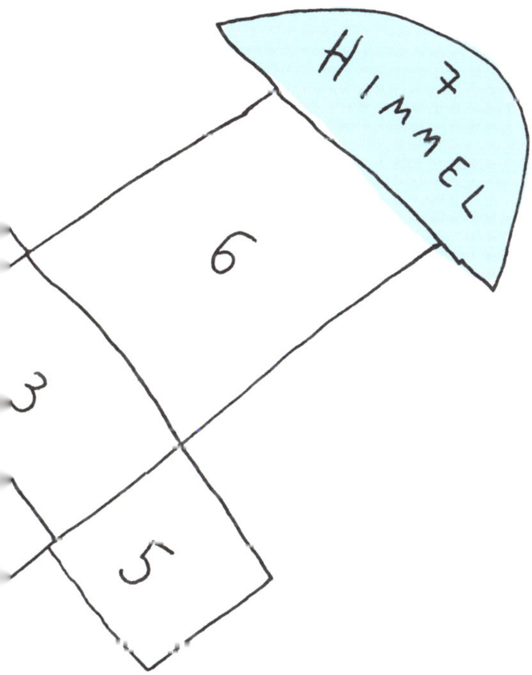

In Industriestaaten bekommen Menschen häufiger Depressionen. 15% der Befragten in reichen Ländern erlebten mindestens einmal einen depressiven Zustand, aber nur 11% in ärmeren Ländern. Überall litten Frauen doppelt so oft daran wie Männer.[L9]

Die Zahl virtueller »Freunde« auf Facebook liegt bei den meisten Computernutzern wesentlich höher als die Zahl echter Freundschaften. Ende 2010 hatte nach Angaben von Facebook jeder Nutzer in Deutschland durchschnittlich 75 virtuelle Freunde, in Österreich 119.[L10]

Ungleichheit macht dick, weil durch Statusangst Gestresste zum »Trostessen« neigen. In Ostdeutschland nahm die Fettleibigkeit nach dem Mauerfall zu, weil sich Verlierer der Vereinigung ungesund ernährten. In den USA sind 3/4 der Bevölkerung übergewichtig. In Ländern mit geringen Einkommensunterschieden, wie Norwegen, Schweden und Dänemark, gibt es viel weniger Dicke.[L11]

Der Familien- und Freundeskreis von Durchschnittsamerikanern hat sich in den letzten 20 Jahren von 12,5 auf 2,5 Personen verkleinert. 1/4 von ihnen hat nach eigenen Angaben niemanden, mit dem sie persönliche Probleme besprechen können. Der Schweizer Soziologe Aldo Haesler diagnostiziert eine massive Vereinsamung und ein »soziales Artensterben, das für unsere Spezies einmalig ist«. Aus mangelnden Beziehungen entstünden starke Existenzängste, die man durch Geld und Konsum zu betäuben versuche, um dadurch nur weitere Angst zu schaffen. Die Umweltexpertin Annie Leonard nennt das den »Arbeiten-Glotzen-Kaufen-Teufelskreis«.[L12]

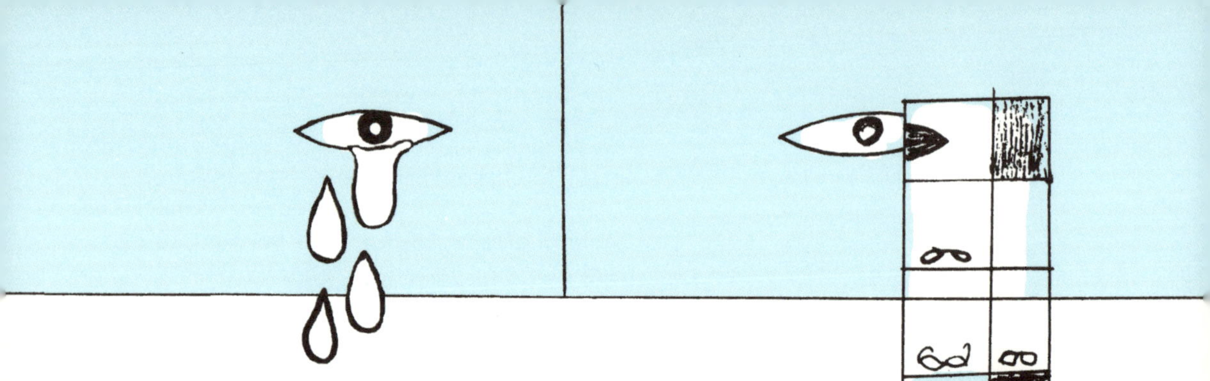

Glücksranking laut der 2011 veröffentlichten weltweiten Umfrage von Gallup World Poll[L13]

Die unglücklichsten Menschen leben in Mali.

Es folgen:

Indien
Senegal
Nepal
Kambodscha
Bangladesch
Tansania
Iran
Ruanda
Kamerun

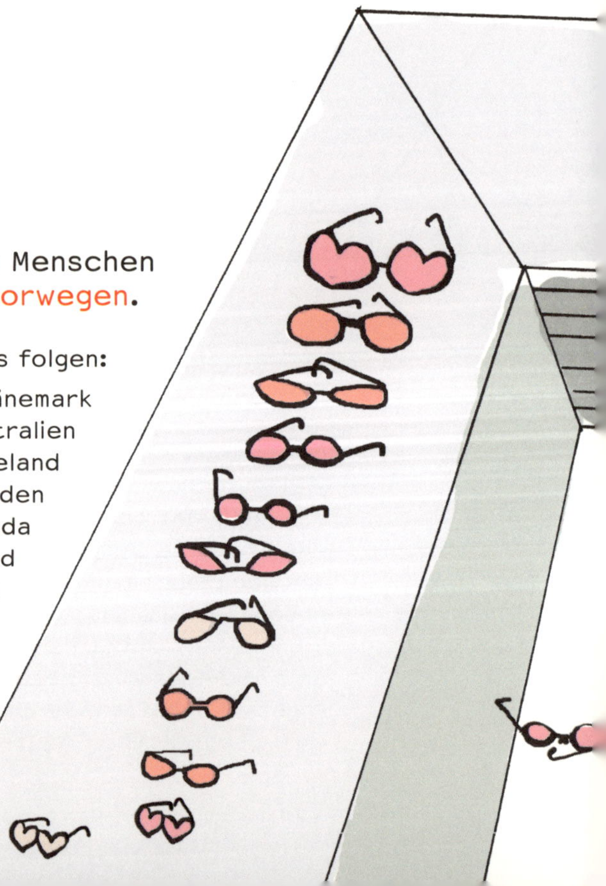

Die glücklichsten Menschen leben in Norwegen.

Es folgen:

Dänemark
Australien
Neuseeland
Schweden
Kanada
Finnland
Schweiz
Niederlande
USA

Österreich liegt auf Platz 14,
Deutschland auf Platz 15.

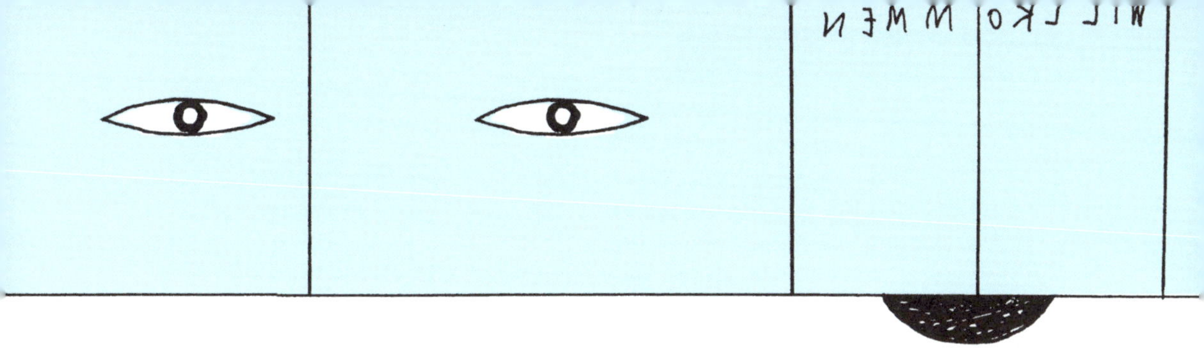

Das Glücksempfinden wächst nach Untersuchungen des Ökonomen Tim Jackson nicht mehr, wenn das durchschnittliche Pro-Kopf-Einkommen in einer Nation 15 000 Dollar pro Jahr übersteigt. Der Glücksforscher Richard Layard vermutet, dass Reiche einer »Einkommens-sucht« unterliegen, die beim Versuch, ihren materiellen Reichtum zu vermehren, alle Zeit raubt und keinen Freiraum mehr für Familie und soziale Beziehungen lässt.[L14]

Weder in China noch in Afrika, Lateinamerika oder Osteuropa wächst die Lebenszufriedenheit der Menschen parallel zur Wirtschaft – so eine Studie des Ökonomen Richard Easterlin, dessen Team Langzeitbeobachtungen in 37 Ländern analysierte.[L15]

Gleichheit macht glücklich, senkt die Kriminalität und hebt das Vertrauen zwischen Menschen sowie den Gesundheitszustand aller Gesellschaftsmitglieder, auch der Reichen. Menschen mit viel Vertrauen leben laut medizinischen Studien länger und gesünder.[L16]

Der Happy Planet Index kombiniert Werte wie Lebenserwartung und Zufriedenheit in den Nationen und Umweltverbrauch pro Kopf. Die in diesem Sinne glücklichsten Nationen mit der zufriedensten Bevölkerung und dem geringsten Umweltverbrauch waren im Jahre 2010: Costa Rica | Dominikanische Republik | Jamaika | Guatemala | Vietnam | Kolumbien | Brasilien | Deutschland | Norwegen | Australien.[L17]

Die wichtigsten ethischen Werte 2009 in Deutschland in Prozent der Zustimmung durch Befragte: Frieden (61%) | Menschenrechte (39%) | Respekt gegenüber menschlichem Leben (38%).[L18]

Das kleine Königreich Bhutan im Himalaya hat die Steigerung des »Bruttosozialglücks« seiner Bevölkerung zum Staatsziel Nummer 1 gemacht. Bhutans oberste Glücksbehörde erkundet deren Zufriedenheit regelmäßig per Umfragen. In der UN wird überlegt, ob das Bruttosozialglück weltweit eingeführt und als 9. Millenniumsentwicklungsziel übernommen werden sollte.[L19]

Auffallend viele skandinavische Länder liegen in Glücksrankings weit oben. Forscher und Expertinnen sagen, das liege an der vergleichsweise hohen Gleichheit zwischen Arm und Reich und zwischen Frauen und Männern, was die Zufriedenheit aller in Beruf und Familie fördere.[L20]

Natur ist gesund: Studien aus den USA, den Niederlanden und Deutschland zeigen, dass viel Grün in der direkten Umgebung eine positive Wirkung auf Zufriedenheit und Gesundheit der dort Wohnenden hat. Unabhängig von Nationalität und Kultur ziehen Menschen eine natürliche Umgebung einem städtischen Ambiente vor. Laut US-Studien fördert der Blick aus einem Krankenzimmer ins Grüne den Heilungsverlauf und reduziert Schmerzmittelmengen.[L21]

Kulturen der Gegenseitigkeit, des Tauschens und Teilens scheinen weltweit zuzunehmen. Viele Initiativen wollen die Gemeingüter der Menschheit bewahren und vor Privatisierung schützen – die natürlichen wie Wasser, Luft oder Wälder, aber auch menschliches Wissen, Kultur, gemeinsame Produktionsweisen, das Gratis-Internet und Open-Source-Programme. Motto: »Wissen gehört zu jenen Gütern, die sich mehren, wenn man sie teilt.«[L22]

Nichts macht so glücklich wie eine sinnstiftende Tätigkeit und gelingende Beziehungen zu Familie, Freundinnen, Kollegen und Nachbarinnen, wenn die Grundbedürfnisse gestillt sind. »Das größte Glücksgefühl entsteht, wenn man in einem Ziel außerhalb der eigenen Person aufgeht«, sagt der Glücksforscher Richard Layard.[L23]

Befragte in Deutschland hielten 2009 folgende Aspekte für besonders wichtig in ihrem Leben: enge Beziehungen zu anderen (86%) | für die Familie da sein (78%) | Selbstbestimmung (65%). Wohlstand hielten nur 34% für besonders wichtig.[L24]

RESÜMEE

FinanzkriseEurokriseHungerkriseWasserkriseRohstoffkriseEnergiekriseKlimakriseDemokratiekrise ... eine Krise jagt die andere, und wenig deutet darauf hin, dass sich Weltwirtschaft und Weltgesellschaft stabilisieren. »Tatsächlich glaube ich nicht, dass irgendeine Form von nachhaltiger Entwicklung möglich ist, solange wir unser derzeitiges Finanzsystem beibehalten«, sagt der US-Ökonom Dennis Meadows, der bereits 1972 mit seiner gleichnamigen Studie auf »die Grenzen des Wachstum« hingewiesen hatte. Zinsen, fährt er fort, seien so etwas wie eine ständige weitere Verpflichtung zum Wachstum. Und das, obwohl die Menschheit die Nachhaltigkeitsgrenzen längst überschritten habe, immer mehr Länder mit einem Mangel an Nahrung, Wasser und Energie zu kämpfen hätten und das Öl zur Neige gehe.

Stellen Sie sich mal für einen Moment vor, morgen sei das Öl alle. Wie sähe Ihr Alltag aus? Vielleicht haben Sie ja schon einen Energieversorger, der Ihnen 100% Ökostrom liefert, oder eine Solaranlage. Vielleicht gehören Sie sogar zu den konsequenten Menschen, die nur noch Rad und Bahn fahren, in der Region Urlaub machen, statt zu fliegen, und kaum mehr Fleisch essen, sodass Ihre persönliche CO_2-Bilanz vorbildlich ist. Doch auch das könnte Sie nicht schützen vor dem Schock, der folgen würde. Die in Deutschland systemrelevante Autoindustrie würde zusammenbrechen, ebenso weitere Industrien, Dienstleistungen und die agroindustrielle Landwirtschaft, Verkehrswesen und Energieversorgung. Und wegen der folgenden Steuerausfälle auch die Bildungs-, Gesundheits- und Rentensysteme. Alltagsgegenstände wie Schuhe wären nicht mehr zu haben, weil die Schuhherstellung in den letzten Jahrzehnten globalisiert wurde. Wenn der globale Warentransport ausfällt, müsste unser gesamtes Produktions- und Versorgungssystem in den Regionen von Grund auf neu aufgebaut werden.

Unsere Gesellschaften sind süchtig nach Öl, warnen die Vordenker der weltweiten Bewegung der Transition Towns. Aber, so fügen sie hinzu, je früher sich Individuen, Gemeinden, Regionen und Staaten auf das unvermeidlich kommende postfossile Zeitalter einstellen, desto problemloser werden sie diesen Übergang (»Transition«) schaffen. Der US-Visionär Paul Hawken ergänzt: »Wer sich die wissenschaftlichen Daten zu den gegenwärtigen Entwicklungen auf der Erde ansieht und nicht pessimistisch ist, der versteht die Daten nicht. Aber wer den Menschen begegnet, die die Erde retten und den Armen ein menschenwürdiges Leben ermöglichen wollen, und nicht optimistisch ist, dem mangelt es an Lebenskraft.« Jawoll, die Lage ist hoffnungslos und verrückterweise doch voller Chancen. Weltweit kämpfen unzählige Menschen für Veränderungen und entwickeln dabei großartige neue Ideen, Initiativen und Projekte.

Rekapitulieren wir die nackten Zahlen in diesem Buch: Allein die Millionäre und Milliardäre dieser Welt besitzen zusammen knapp 90 Billionen Dollar – die jährlich rund 2 Billionen Dollar Steuern erbringen könnten. Die umweltschädlichen Subventionen betragen 1–2 Billionen. Die Kosten für Waffen und Gewalt machen etwa 10 Billionen pro Jahr aus. Würde man – weltweit koordiniert und flankiert von politischen und medialen Maßnahmen – die Superreichen besteuern, Steueroasen austrocknen, Rüstungsausgaben drastisch herunterfahren und umweltschädliche Subventionen abschaffen, dann hätte die Menschheit über den Daumen gepeilt eine Summe von jährlich 13 Billionen Dollar zur Verfügung. Und zwar ohne neue Schulden machen zu müssen, die noch unsere Kinder, Enkel und Urenkel belasten. Das würde zigfach ausreichen, um die schlimmsten Menschheitsprobleme zu lösen – sieht man von kalten Zehen und Liebeskummer einmal ab.

Manche werden einwenden, das sei doch utopisch und niemals umzusetzen. Sicher nicht auf einen Schlag, aber warum nicht schrittweise? Warum verabreden die Staatsführungen nicht gemeinsame Reichensteuern und Bankenregulierungen? Dennis Meadows zum Beispiel schlägt »Negativzinsen« auf Vermögen vor, sodass sich das Horten von Reichtum nicht mehr lohnt. Mit den über Steuern und strikte Regulierungen gewonnenen Geldern könnte man einen weltweiten Green New Deal oder Green Marshall Plan finanzieren. Eine weitere Möglichkeit schlägt der Weltzukunftsrat vor: Der Weltwährungsfonds solle zinslose Sonderziehungsrechte vergeben, um den Ausbau erneuerbarer Energien und die Umsetzung der UN-Millenniumsentwicklungsziele zu finanzieren; das Programm durchführen sollten die UN-Umweltbehörde und die Internationale Agentur für Erneuerbare Energien.

Als im Oktober 2011 die Weltbevölkerung die 7-Milliarden-Marke überschritt, fragten viele besorgte Stimmen, wie ein weiteres Bevölkerungswachstum zu stoppen wäre. Die Antwort ist einfach: Gebt der weiblichen Bevölkerung mehr Rechte und einen besseren Zugang zu Bildungs- und Gesundheitssystemen, dann werden die Frauen von selbst weniger Kinder bekommen. Aber selbst wenn die Menschheit weiterwüchse wie bisher, wäre mehr als genug für alle da – das Problem ist die schreiend ungerechte Verteilung. Würde überall kleinbäuerliche Öko-Landwirtschaft gefördert und die Spekulation mit Nahrungsrohstoffen gestoppt, gäbe es genug bezahlbare und gesunde Lebensmittel, obendrein blieben Humus und Bodenfruchtbarkeit für kommende Generationen erhalten. Würden Stoffkreisläufe geschlossen, etwa durch Terra-Preta-Kompostierung, kann die Fruchtbarkeit von Böden sogar parallel zu einer wachsenden Bevölkerungszahl gesteigert werden. Würden Ressourcen konsequent recycelt, reichen die Rohstoffe weiterhin für alle. Würde die Weltwirtschaft wieder re-regionalisiert, können Unmengen an Energie und Ressourcen eingespart und verlassene ländliche Gegenden wiederbelebt werden. Würden erneuerbare Energien weltweit dezentral gefördert, gibt es genug Energie für alle, für Dörfer eröffneten sich ganz neue Entwicklungschancen. Und, und, und.

Das Wichtigste aber ist: Wir alle würden neu entdecken, dass Glück, Wohlergehen und Lebenszufriedenheit nicht vom Wirtschaftswachstum abhängen. Das kleine Königreich Bhutan machte es der Welt vor und erhob das »Bruttosozialglück« seiner Bevölkerung zum Staatsziel Nummer 1. Seine »Glücksbehörde« ermittelt in aufwendigen Umfragen, wo und warum Unzufriedenheit unter den Menschen herrscht und wie sich diese abstellen lässt. Zudem wird das Land im Himalaya wohl der erste Öko-Staat der Welt – mit 100% erneuerbaren Energien, Benzin aus den eigenen Wäldern, dem Verbot von Plastik und vielen weiteren Maßnahmen. Die Regierung fördert dies, weil eine intakte Natur eine wesentliche Glücksquelle für Menschen ist – nicht nur im Himalaya, sondern überall.

Eine ebenso wichtige Glücksquelle sind tiefe und stabile Beziehungen zu anderen Menschen. Das ist nur auf der Basis von Gleichheit und gegenseitigem Respekt möglich. Deshalb sollten Gleichheit, Gerechtigkeit und Ausgleich – zwischen Arm und Reich, zwischen Frau und Mann, zwischen Mehrheiten und Minderheiten – wieder die Leitidee Nummer 1 werden. Das auf gnadenloser Konkurrenz basierende Wachstumsmodell hat ausgedient, es führt ökonomisch, ökologisch und psychosozial in den Abgrund. Menschen, die unbedingt zu einer vermeintlichen Elite gehören wollen, werden ihr Ziel nie erreichen, weil es immer jemanden gibt, der höher steht als sie selbst. Bewohner von Ländern mit großer Ungleichheit sind wesentlich kränker, depressiver, unzufriedener, sucht- und gewaltanfälliger und zudem auch noch dicker als Menschen in vergleichsweise egalitären Gesellschaften. Man vergleiche nur einmal die USA und Skandinavien.

Deshalb fordert Mohan Munasinghe, Mitglied des UN-Klimarats aus Sri Lanka, als Pendant zu den Millenniumsentwicklungszielen für die Armen und Unterernährten auch »Millenniumskonsumziele« für die Reichen und Dicken. Er schreibt: »Wir sollten uns auf die 1,4 Milliarden Menschen konzentrieren, die die reichsten 20% der Weltbevölkerung ausmachen (...) Sie verbrauchen 80% der globalen Produktion, das ist 60-mal mehr als bei den ärmsten 20% der Menschen.« Ziele für die »Überentwickelten« Länder könnten nach Vorschlägen des Worldwatch-Institutes zum Beispiel sein: »Reduzierung der Fettleibigkeitsrate bis 2020 um die Hälfte, Reduzierung der Arbeitswoche auf 20 Stunden, Erhöhung der Steuern für die Reichsten, Verdoppelung des nichtmotorisierten Verkehrs, freie Gesundheitsversorgung für alle.«

Unzählige Menschen haben sich bereits aufgemacht, um diese Ziele zu verwirklichen. Sie bauen Gemeinwohlbetriebe auf, gründen Solargenossenschaften, verteidigen Gemeinschaftsgüter und »Commons«, bauen in urbanen und interkulturellen Gärten eigene Lebensmittel an, fördern die regionale Selbstversorgung, verkürzen Handels- und Handlungsketten, tauschen Güter, statt neue zu kaufen, reparieren, statt wegzuwerfen, und gönnen sich bei alledem Muße und Ruhe. Sie führen mit wenig Geld ein gutes Leben und haben nicht das Gefühl, dabei auf etwas verzichten zu müssen, ganz im Gegenteil: Sie fühlen sich weniger entfremdet, von der Natur, von anderen, von sich selbst und ihren eigenen wiederentdeckten Fähigkeiten. Sie schenken, teilen, tauschen und haben auch noch eine Menge Spaß dabei.

Der Hirnforscher Gerald Hüther beglückwünscht solche Menschen. Die gegenwärtige Form der Erwerbstätigkeit findet er »ziemlich sonderbar«, denn sie sei langweilig und monoton – gar nicht gut für unser Zentralorgan und unser Befinden. Das menschliche Hirn sei so angelegt, dass sich Wohlbefinden und Glück dann einstellten, wenn man etwas Neues lerne: »Das ist die größte Arbeit, die ein Mensch vollbringen kann in seinem Leben, dass er sich selbst entdeckend spielerisch in der Welt bewegen kann.« Hüther weiter: »Statt Mauern und Gräben könnten wir auch Brücken bauen. Statt uns vom Leben formen zu lassen, könnten wir auch zu Gestaltern unseres Lebens werden. Statt so weiterzumachen wie bisher, könnten wir auch versuchen, über uns hinauszuwachsen.«

There is no wealth but life, wusste John Ruskin schon 1860: Unser einziger Reichtum ist das Leben.

ENDNOTEN

VORWORT

a »Unvorstellbare Zahlen«, Interview mit Albrecht Beutelspacher, Deutschlandradio Kultur 11.5.10

b Tilmann Warnecke, Rangeln ums Ranking, Tagesspiegel 15.9.11

c Josef Nussbaumer, Andreas Exenberger, Stefan Neuner, Unser kleines Dorf, Kufstein 2009; www.weltbevoelkerung.de; Wege aus der Krise, deutsche Kurzfassung des Weltagrarberichts, herausgegeben von der Zukunftsstiftung Landwirtschaft, Berlin 2009, S.3, www.weltagrarbericht.de/downloads/Wege_aus_der_Hungerkrise_2.4MB.pdf; Credit Suisse, Global Wealth Report 2011

A—1 ERNÄHRUNGSBESCHISS – ESSEN UND TRINKEN

A1 Valentin Thurn, Dokumentarfilm »Taste the Waste«; Stefan Kreutzberger, Valentin Thurn, Die Essensvernichter, Köln 2011, S.14; Katharina Pauli, Wider den Wegwerf-Wahnsinn!, Spiegel Online 17.10.11

A2 http://essensvernichter.de/#buch; Kreutzberger, Thurn, aaO, S.13

A3 www.fao.org/fileadmin/user_upload/ags/publications/GFL_web.pdf; Sascha Rentzing, Bessere Verpackungen für eine bessere Welt, Spiegel Online 9.8.11

A4 Kreutzberger, Thurn, aaO, S.14

A5 brand eins, statista.com (Hrg.), Die Welt in Zahlen 2011, Hamburg 2010, S.244

A6 www.abgespeist.de; Schrot&Korn 8/11

A7 Rolf Obertreis, Auf die Palme gebracht, Tagesspiegel 19.6.11

A8 aid-infodienst 9.2.10, www.aid.de; Elektrosmog ist Gift für Bienen, Neue Osnabrücker Zeitung 2.8.10

A9 Nina Weber, Weltmeeren droht ein Massensterben, Spiegel Online, 21.6.11

A10 WWF, Überfischung – leere Meere, www.wwf.de; Bettina Stang, Raubzüge vor Westafrika, www.welt-sichten.org, 02/09

A11 Ökotest 9/11; Jost Maurin, Schwindel mit Regio-Produkten, taz 1.9.11

A12 Bundeslandwirtschaftsministerium, www.genres.de/kultur-und-wildpflanzen/gefaehrdung; Eröffnen wir mal 'ne Samenbank, Spiegel Online 7.8.11; Beate Jessel, Olaf Tschimpke, Manfred Walser, Produktivkraft Natur, Hamburg 2009, S.83

A13 Zahlen nach: Carsten Holm, »Eine Welt ohne Wurst«, Spiegel 3/11

A14 http://fleischfrage.wwf.de

A15 genanet-Kurzinformationen 4 und 5, www.genanet.de; Maurin, aaO

A16 Kurzfassung Weltagrarbericht, aaO

A17 Harald Schumann, Die Hungermacher, Studie für www.foodwatch.de, Oktober 2011, sowie unter demselben Titel im Tagesspiegel 23.10.11

A18 Schumann, aaO; »Märkte außer Kontrolle«, Spiegel-Titelgeschichte 34/11; Ronald Knaup, Michaela Schiessl, Die Ware Hunger, Spiegel 29.8.11; Oxfam Briefing Note 1.6.11

A19 Thomas Fritz, Das große Bauernlegen, Berlin 2010, S.11ff.

A20 epd 16.8.11; Schumann, Die Hungermacher, S.12

A21 Oxfam Briefing Note 1.6.11

A22 Kurzfassung Weltagrarbericht, aaO, S.38ff.; Bertram Zagema, Land and Power, Oxfam Briefing Papers 22.9.11

A23 Fritz, aaO, S.9

A24 Maris Hubschmid, Ganz globaler Wahnsinn, Tagesspiegel 4.9.11

A25 Kurzfassung Weltagrarbericht, aaO, S.1,22

A26 Kurzfassung Weltagrarbericht, aaO, S.23; Patrick Whitefield, Das große Handbuch Waldgarten, Kevelaer 2011, S.16; 28. Forum Globale Fragen im Auswärtigen Amt 10.5.11

A27 Hunde und Katzen sind Klimakiller, taz 15.6.11

A28 Kurzfassung Weltagrarbericht, aaO, S.1,5; dapd und afp 4.2.11; Welthungerindex 2011, www.welthungerhilfe.de/whi2011.html

A29 Averting tomorrow's global food crisis, Oxfam Briefing Note 1.6.11; www.welthungerhilfe.de/whi2011-marktstand-aktion.html

A30 Welthungerindex 2011, aaO

A31 Jean Ziegler, Nicht gehaltene Rede zur Eröffnung der Salzburger Festspiele, Süddeutsche 24.7.11; 2011 World Hunger and Poverty Facts and Statistics, www.worldhunger.org

A32 Kurzfassung Weltagrarbericht, aaO, S.10,4

A33 www.regenwald.org, 13.2.11, ARD-Sendung »plusminus« 8.2.11

A34 Umweltinstitut München, Allestöter Roundup und Glyphosat, September 2011, http://umweltinstitut.org/download/Gen-Themenflyer_Roundup_web.pdf; www.biosicherheit.de/lexikon/664.glyphosat.html

A35 Vandana Shiva, Seeds of Suicide, The Ecological and Human Costs of Globalization of Agriculture, www.vandanashiva.org

A36 Pestizid-Aktions-Netzwerk (PAN Germany), Vergiftungen durch Pestizide, 2005, www.pan-germany.org/download/fs_vergiftungen.pdf; PAN und terre des hommes, Pestizide und Kinder 2011, www.pan-germany.org/download/Kinder-Pestizide_web_F.pdf

A37 Umweltinstitut München aaO; Film »Poison of the Pampas« mit Aussagen von Carrasco auf www.gmwatch.eu/gm-videos/26/12580

A38 Müssen wir Mineralwasser trinken?, Zeit Online 17.9.11; Produktfinder Natürliche Mineralwässer, Stiftung Warentest, www.test.de, 8.8.11; Einweg ist kein Weg, Ökotest 8.10.10; Jedes achte Mineralwasser kritisch für Säuglinge, www.foodwatch.de, 18.5.09; Der große Schmu mit Tafelwasser, www.managermagazin.de, 3.3.04; Leitungswasser statt Plastikwasser, http://reset.to

A39 Bundeszentrale für politische Bildung, www.bpb.de/wissen/VGPF7A,0,0,Wasserverbrauch.html

A40 Bundeszentrale, aaO; FAO Aquastat

A41 UNEP, Global Environmental Outlook 4, Key Messages for Decision Makers, 2007, S.4

A42 Christian Felber, 50 Vorschläge für eine gerechtere Welt, Wien 2006, S.260

A43 Water Footprint Network, www.waterfootprint.org

A44 afp 28.4.11; Focus 16.12.05

A45 Kurzfassung Weltagrarbericht, aaO, S.11; Jost Maurin, Subventionierte Landwirtschaft, taz 15.4.11

A46 www.unctad.org/en/docs/ditcted200715_en.pdf; K. von Koerber et al., Globale Nahrungssicherung für eine wachsende Weltbevölkerung, 2009, www.bfeoe.de/publikationen/Globale%20Nahrungssicherung-JVL.pdf; Jessel, aaO., S.86

A47 Jonathan Safran Foer, Tiere essen, Köln 2010

A48 Kurzfassung Weltagrarbericht, aaO, S.34; von Koerber et al., aaO; Willy Ripl, Aquaterra, Vortrag 15.7.11 in Berlin

A49 www.forum-fairer-handel.de, Fact Sheet 2010; Katrin Schulze, Der faire Handel boomt, Tagesspiegel 5.12.11

A50 Jessel, aaO, S.91; Bundeslandwirtschaftsministerium, www.bmelv.de

A51 dpa 15.8.11

A52 Moritz Schröder, Voll-Öko heißt jetzt Veggie, taz 15.8.11; www.utopia.de, 10.10.11

A53 Jessel, aaO, S.83

A54 Hans-Peter Schmidt, Humusaufbau statt Hungersnot, www.ithaka-journal.net; www.triaterra.de; www.nature.com/ncomms/journal/v1/n5/full/ncomms1053.html

A55 Ramesh Jaura, Who Is Afraid of ›Hunger Reports‹?, Indepth News 14.10.09

A56 Christiane Grefe, Die Haut der Erde, Zeit 7.5.09; Maren Haartje, Das grüne Wunder in der Wüste, taz 5.12.09; Kurzfassung Weltagrarbericht, aaO, S.34ff.

B—2 ARBEITSBESCHISS – ARBEIT UND WIRTSCHAFT

B1 www.commons.at/solidarische-okonomie/

B2 DIW-Wochenbericht 7/2010; Statistisches Bundesamt, Datenreport 2011, S.156f.

B3 Einkommen von Geringverdienern deutlich gesunken, www.diw.de, 21.7.11; Normalverdiener können sich weniger leisten als im Jahr 2000, Spiegel Online 19.7.11; Der Deutsche-Bank-Chef verdient weniger als 2009, Welt 16.3.11

B4 Der Deutsche-Bank-Chef verdient weniger als 2009, Welt 16.3.11

B5 Christian Felber, Gemeinwohl-Ökonomie, Wien 2010, S.63

B6 Mascha Madörin, Schuldenkrise und Frauenalltag, in: ÖED-Bildungsreferat (Hrg.), Vergib uns unsere Schulden, Wien 1997, S.19f.

B7 www.dgb.de/themen/++co++2886cf3e-3298-11e0-6480-00188b4dc422; afp, epd 7.2.11

B8 Wilhelm Heitmeyer (Hrg.), Deutsche Zustände, Folge 8, Berlin 2010, S.32; Bundesagentur für Arbeit, Bekämpfung von Leistungsmissbrauch im SGB II, Halbjahresbilanz 2009

B9 Nokia opfert rumänisches Werk, Spiegel Online 29.9.11; dpa 25.11.11

B10 Spiegel Online 19.5.11 in Zusammenarbeit mit Manager Magazin

B11 www.ci-romero.de/fileadmin/media/informieren-themen/konzerne/discounter/Aldi_ishopfair_xs.pdf; www.wiwi.tubs.de/marketing/service/download/art/aldi.pdf

B12 www.supermarktmacht.de

B13 Statistisches Bundesamt, Zahl der Woche Nr. 011, 15.3.2011; www.supermarktmacht.de; Giftige Blumen, Greenpeace Magazin 11.2.2011

B14 »Hauptsache billig«, 3sat-Dokumentation vom 20.5.11

B15 Sendung »scobel«, 3sat 15.9.11

B16 OECD, Taxing Wages, 2010; Stefan Bach et al., Effective Taxation of Top Incomes in Germany, Working Papers June 2011

B17 www.kpmg.de/Presse/15728.htm; Daniel Gratzla, Top-Verdiener zahlen weniger Steuern, Tagesspiegel 25.8.09

B18 Claus Hulverscheidt, Millionäre bevorzugt, Süddeutsche 4.3.11; Ulrike Herrmann, Hurra, wir dürfen zahlen, Frankfurt am Main 2010, S.143f.

B19 Forum Öko-Soziale Marktwirtschaft, www.foes.de, 2.8.11

B20 http://wipo.verdi.de/broschueren/skandal-steuervollzug_1; Herrmann, aaO

B21 Wirtschaftsbetrüger richten Milliardenschäden an, Spiegel Online 4.9.11

B22 http://criminologia.de/blog/wp-content/uploads/2011/01/Fiddling_Expose.pdf; www.kpmg.de/docs/20091220_Wirtschaftskriminalitaet.pdf

B23 Klaus-Peter Klingelschmitt, Chefs besonders häufig kriminell, taz 25.8.11

B24 Udo Pollmer, Ungewaschenes Geld, Deutschlandradio Kultur 18.9.11
B25 www.bertelsmann-stiftung.de/cps/rde/xbcr/SID-7799B8A5-9CEB5A55/bst/xcms_bst_dms_32005_32006_2.pdf
B26 Welt in Zahlen, aaO, S.266
B27 Volk der Erschöpften, Spiegel-Titel 4/11; Zahl der psychischen Erkrankungen steigt auf Rekordhoch, Spiegel Online 15.2.11; dpa 17.10.11
B28 Spiegel 4/11, aaO
B29 www.iaq.uni-due.de/iaq-report/2011/report2011-03.pdf; Maris Hubschmid, Die Arbeit macht weniger Spaß, Tagesspiegel 3.8.11
B30 www.dgb-index-gute-arbeit.de/jaehrliche_repraesentativerhebung/dgb-index_2010/data/diga_report_10_1_.pdf
B31 Walter Vogt, Wir eG statt Ich-AG, WISO, Friedrich-Ebert-Stiftung, Juni 2011
B32 Felber, Gemeinwohl-Ökonomie, aaO, S.40
B33 Carsten Brönstrup, Das gute Geld der Superreichen, Tagesspiegel 29.8.11; www.zeit.de/2011/36/Reiche
B34 www.attac-netzwerk.de/fileadmin/user_upload/AGs/AG_Arbeitfairteilen/Arbeitszeitverkürzung_jetzt.pdf
B35 Felber, Gemeinwohl-Ökonomie, aaO, S.17,142; Alfie Kohn, No Contest, 1992, S.205,S.49
B36 Felber, 50 Vorschläge, aaO, S.184

C—3 VERTEILUNGSBESCHISS – ARME UND REICHE

C1 Herwig Büchele, Erich Kitzmüller, Das Geld als Zauberstab und die Macht der internationalen Finanzmärkte, Münster 2005, S.235
C2 www.sg.ethz.ch/people/formercoll/jglattfelder/dy-2x2.pdf, Florian Hassel, Diese Firmen bestimmen Schicksal der Weltwirtschaft, Welt Online 25.10.11; Dietmar Palan, Klaus Werle, Wenn 147 Konzerne die ganze Wirtschaft kontrollieren, Züricher Tagesanzeiger 23.10.11
C3 World Bank Database 2011; »Märkte außer Kontrolle«, Spiegel-Titelgeschichte 34/11; US-Banken betreiben Finanzwetten im Wert der 5-fachen Weltwirtschaftsleistung, www.goldreporter.de, 26.6.10; Rekord: US-Banken jonglieren mit Derivaten im Wert von 249 Billionen Dollar, www.goldreporter.de, 23.9.11
C4 Harald Schumann, Die Geretteten, Tagesspiegel 13.9.09; Dani Parthum, Milliardengrab und Staatsgeheimnis, Deutschlandradio Kultur 26.9.11
C5 Wer kokst denn da in Banker Bar, Maintower, Hessischer Rundfunk 7.7.10; Matthias Thibaut, Zum Nachtisch Kokain, Tagesspiegel 23.11.05; Stresstests für koksende Banker, Der Bund 12.10.11
C6 Paul Babiak et al., Corporate Psychopathy: Talking the Walk, in: Behaviour Science and the Law, www.interscience.wiley.com, 6.4.11; Aktienhändler riskieren mehr als Psychopathen, Spiegel Online 25.9.11
C7 Parthum, aaO; FMS Wertmanagement verzeichnet Fortschritte beim Abbau des Portfolios, Pressemitteilung 18.10.11
C8 Günter Heismann, Die Kosten der Rettung, Süddeutsche 10.10.11
C9 Matthew Garrahan, Deutsche Bank's casinos exposure hits $4.9bn, Financial Times 16.10.11; Deutscher Bank droht Milliarden-Verlust, Spiegel Online 17.10.11
C10 Die 500 reichsten Deutschen, Manager Magazin 11.10.11
C11 Markus Grabka, Joachim R. Frick, Gestiegene Vermögensungleichheit in Deutschland, in: Deutsches Institut für Wirtschaftsforschung, Wochenbericht 4/2009; Manager Magazin, 10/2011
C12 Absolute Return, FAZ 2.4.10; »Märkte außer Kontrolle«, Spiegel-Titelgeschichte 34/11
C13 Reuters 5.7.11; Peer Steinbrück, Unterm Strich, Hamburg 2010, S.474; eigene Umrechnung
C14 Armutsrisiko in Deutschland steigt, www.diw.de, 18.2.10; www.statistik.at; www.swissinfo.ch vom 11.11.10; Armut in Deutschland, Nationale Armutskonferenz 2010; Wer in Deutschland am ärmsten ist, Spiegel Online 29.10.10
C15 Schweizerischer Gewerkschaftsbund, SGB-Verteilungsbericht 2011, www.verteilungsbericht.ch
C16 Allianz Global Wealth Report 2011; dapd 14.9.11
C17 Erklärung von Bern, Steuerflucht aus dem Süden 18.3.02, www.evb.ch
C18 UN-Millenniumskampagne, Pressemitteilung vom 24.6.09
C19 Credit Suisse, Global Wealth Report 2011, S.83; David Donschen, Nordamerika überholt Europa im Reichtumsranking, Spiegel Online 31.5.11
C20 Felber, Gemeinwohl-Ökonomie, aaO, S.62, Zinssätze aktualisiert
C21 The richest people on the planet, September 2011, www.forbes.com/wealth/billionaires. Forbes führt Buffett auf Platz 3, obwohl er laut Liste weniger besitzt als Arnault auf Platz 4.
C22 Credit Suisse, Global Wealth Report 2011, S.83
C23 afp 24.8.11
C24 Christian Wernicke, Die Reichen und der Rest, Süddeutsche 10.10.11
C25 www.deine-stimme-gegen-armut.de/8millenniumsziele.html; Zahlen nach www.forbes.com/wealth/billionaires
C26 Tax us if you can, deutsche Ausgabe des Tax Justice Network 2005, S.5, www.taxjustice.net/cms/upload/pdf/TaxUsIfYouCan_ger_at.pdf
C27 Tax us ..., aaO
C28 www.taxjustice.net, Financial Secrecy Index 4.10.11

C29 Attac-Recherche »Deutsche Banken in Steueroasen« 8.4.11, www.attac.de/fileadmin/user_upload/bundesebene/Pressegruppe/Deutsche%20Banken%20in%20Steueroasen%20Tabelle%20korrigiert.pdf
C30 Christiane Grefe, Harald Schumann, Der globale Countdown, Köln 2008, S.23; Credit Suisse, Global Wealth Report 2011, S.33
C31 Warren Buffett, Stop Coddling the Super-Rich, New York Times 14.8.11; Ulrike Herrmann, Von Roosevelt lernen, taz 22.10.11
C32 Felber, 50 Gründe, S.276
C33 Felber, 50 Gründe, S.135
C34 Tax Justice Network, aaO; eigene Berechnung auf Basis von 200 Milliarden Dollar jährlich zur Verwirklichung der Millenniumsentwicklungsziele bei einer angenommenen jährlichen Inflationsrate von 3%
C35 GLS Jahresrückblick 2010
C36 Felber, 50 Gründe, S.228
C37 Felber, 50 Gründe, S.147

D—4 VERSCHULDUNGSBESCHISS – SCHULDEN | BILDUNG | GESUNDHEIT

D1 Umfrage im Auftrag des DGB, dpa 25.10.11
D2 Claus Hulverscheidt, »Ich will dieses Land retten«, Süddeutsche 28.9.11
D3 Gerd Höhler, Szenen wie in einem Bürgerkrieg, Tagesspiegel 21.10.11
D4 www.steuerzahler.de/wcsite.php/_c-43/_lkm-24/i.html; www.staatsschulden.at, 8.9.11; www.optimal-banking.ch/schuldenuhr.php, 8.9.11
D5 Carsten Brönstrup, Die Angst vor einer neuen weltweiten Rezession, Tagesspiegel 13.8.11
D6 Felber, 50 Gründe, S.53, 59
D7 Weed, Schuldenreport 2004, www.erlassjahr.de
D8 Datenreport 2011, aaO, S.55
D9 www.oecd.org/de/bildungaufeinenblick, 2011; epd 13.9.11
D10 Welt in Zahlen, aaO, S.32
D11 Welt in Zahlen, aaO, S.32; Datenreport 2011, aaO, S.69
D12 Marc Etzold, Nur mit ABC, Tagesspiegel 7.9.11; dpa 7.9.11
D13 Etzold, aaO
D14 Rentner verlieren an Kaufkraft, Spiegel Online 5.7.11
D15 dapd und epd 22.8.11
D16 Felber, 50 Gründe, S.78
D17 Ulrike Herrmann, Hurra, wir dürfen zahlen, Frankfurt 2010, S.175; Karl Lauterbach, Der Zweiklassenstaat, Berlin 2008, S.128ff.
D18 Datenreport 2011, S.248
D19 Felber, 50 Gründe, S.247
D20 FAZ, dpa, afp 17.8.11
D21 Datenreport 2011, S.252ff.
D22 www.nejm.org/doi/full/10.1056/NEJMoa1103319; Nina Weber, Placebo-Studie erzürnt US-Mediziner, Spiegel Online 17.8.11
D23 Fast jedes Masthähnchen ist gedopt, Spiegel Online 15.11.11; Christine Keck, Ohne Gegenwehr, Tagesspiegel 17.8.11
D24 Ärzte ohne Grenzen, www.msf.org, eigene Umrechnung auf Minuten
D25 Factsheet WHO 2003
D26 Global Environmental Outlook 4, aaO, S.7; Jessel, aaO, S.36ff.
D27 Felber, 50 Gründe, S.138
D28 Tagung »Zukunftsfaktor Kind« der Europäischen Akademie für Frauen in Politik und Wirtschaft 10.6.02
D29 OECD, Education at a Glance 2011; epd 13.9.11; Bildungsbericht der UNESCO 2011

E—5 GESCHLECHTERBESCHISS – FRAUEN | MÄNNER | KINDER

E1 Steffen Daniel Meyer, Ein Job, zwei Welten, Spiegel Online 23.6.11
E2 www.equalpayday.de
E3 Gleichstellungsbericht der Bundesregierung, www.bmfsfj.de, Juni 2011
E4 UN Women Report 6.7.11, www.unwomen.org
E5 Society At A Glance, www.oecd.org 12.4.11
E6 Rainer Volz, Paul M. Zulehner, Männer in Bewegung, 2009
E7 Monitor Familienleben 2011, www.bmfsfj.de
E8 Merlind Theile, Die bessere Hälfte, Uni-Spiegel 2/2007; Datenreport 2011, aaO., S.62f.
E9 Interparlamentarische Union 2011, www.ipu.org; Rosabeth Moss Kanter, Men and Women of the Corporation, New York 1977
E10 www.un-kampagne.de, www.worldbank.org/html/extdr/mdgassessment.pdf
E11 www.ipu.org
E12 UN Women, Facts, 2010
E13 www.forbes.com/wealth/power-women, August 2011
E14 Statistisches Bundesamt 13.9.11

E15 Empower Women To Stem Global Hunger, Say Experts, http://www.irinnews.org, 15.10.09
E16 Gender Gap Report 2010, www.weforum.org
E17 Deutschlandradio, Forschung aktuell 23.8.11
E18 Ute Scheub, Heldendämmerung, München 2010, S.315ff.; Warum Männer früher sterben, Spiegel Online 18.1.11; Holger Dambeck, Forscher machen Alkohol für jeden zehnten Todesfall verantwortlich, Spiegel Online 26.6.09
E19 Klas Hyllander, Gary Barker, The State of the Field in Engaging Men and Boys in Gender Equality, www.menengage.org; Claudia Heine, Schwach sein ist nicht erlaubt, Das Parlament, 46/2004
E20 WHO, Global Status Report on Alcohol and Health 2011, www.who.int; Klaus-Helge Donath, Die Schäflein und der Spiritus, taz 22.8.11; Dambeck, aaO
E21 Polizeiliche Kriminalstatistik 2010; Genderdatenreport der Bundesregierung, 2005, S.611f.
E22 Peter Döge, Welches Geschlecht hat Gewalt? Berlin 2002, www.iaiz.de; Martin Gehlen, Vergewaltigungsvorwürfe versetzen Regime in Rage, Zeit Online 17.8.2009; Rachel Jewkes et al., Understanding men's health and use of violence, Medical Research Council, Pretoria, Juni 2009; Gunda-Werner-Institut der Heinrich-Böll-Stiftung, Fachgespräch »Militarisierte Männlichkeit in (Post) Konfliktregionen«, 18.5.11, www.gwi-boell.de
E23 www.icrw.org/publications/evolving-men; Hasnain Kazim, Frank Patalong, Inder sind Macho-Meister, Spiegel Online 8.3.11
E24 Jewkes, aaO
E25 Nicholas D. Kristof, Sheryl WuDunn, Die Hälfte des Himmels, München 2010, S.131f.,172ff.
E26 Wo es für Frauen am gefährlichsten ist, Spiegel Online 15.6.11; www.trust.org/trustlaw/news/trustlaw-poll-afghanistan-is-most-dangerous-country-for-women
E27 UNRISD, Gender Equality 2005, S.6; Nicole Baute, How Did 100,000,000 Women Disappear?, The Toronto Star 6.6.09; Canadian Medical Association Journal, www.cmaj.ca/embargo/cmaj.101368.pdf; Indien und China droht massiver Frauenmangel, Spiegel Online 14.3.11
E28 Renée Ernst, Beauftragte der UN-Millenniumskampagne in Deutschland, Vortrag am 29.6.10 in Karlsruhe
E29 epd 18.9.11; www.dksb.de
E30 Erster Forschungsbericht Sexueller Missbrauch 2011, www.bmbf.de/pubRD/Erster_Forschungsbericht_sexueller_Missbrauch_2011.pdf
E31 www.statistikportal.de
E32 Datenreport 2011, aaO, S.166; Lebenslagen in Deutschland, Erster Armuts- und Reichtumsbericht der Bundesregierung, 2001
E33 www.bundestag.de, 14.3.11
E34 de.statista.com, Juli 2011
E35 terre des hommes, www.tdh.de; Kurzfassung Weltagrarbericht, aaO, S.7; www.ilo.org
E36 Michael Kimmel, A black woman took my job, 2006; Lars Jalmert et al., Ending gender-based violence: A call for global action to involve men, 2004
E37 Isobel Coleman, The Payoff from Women's Rights, Foreign Affairs, Vol. 83, 3/2004, S.80ff.
E38 Catherina Hinz, Bevölkerungsentwicklung und Bildung, www.berlin-institut.org; UNRISD, aaO, S.5; Coleman, aaO
E39 Scheub, aaO, S.315ff.; Pickett, aaO
E40 Mary Caprioli, Mark A. Boyer, Gender, Violence, and International Crisis, in: Journal of Conflict Resolution, Vol. 45, 4/2000, S.503ff.; Mary Caprioli, Gendered Conflict, in: Journal of Peace Research, Vol. 37, 1/2000, S.51ff.; Mary Caprioli, Primed for Violence: The Role of Gender Inequality in Predicting Internal Conflict, in: International Studies Quarterly, 49/2005, S.161f.
E41 Tagung »Zukunftsfaktor Kind« der Europäischen Akademie für Frauen in Politik und Wirtschaft 10.6.02

F—6 MIGRATIONSBESCHISS – MUSLEMS UND MIGRANTEN

F1 de.statistica.com vom 26.9.11
F2 Gerhard Piper, Moscheeanschläge – schleichende Kristallnacht, heise-online.de, 10.9.11; Geschätzt, vermutet: Zahlen über Muslime in Deutschland, www.wdr.de, 9.5.07; Deutschland: Zahl der Islamisten steigt, www.presse.com, 1.7.11
F3 Studie des Österreichischen Integrationsfonds, www.vol.at, 26.2.10; Abstimmungszahlen beim Schweizer Bundesamt für Statistik, www.bfs.admin.ch
F4 Bundesamt für Migration und Flüchtlinge, Muslimisches Leben in Deutschland, www.bamf.de, 23.6.09
F5 www.gallup-international.com; Studie: Muslime träumen vom besseren Job, nicht vom Jihad, diePresse.com, 3.2.09; Fawaz A. Gerges, Al-Qaida today: a movement at the crossroads, Open Democracy 14.5.09
F6 TNS Emnid-Umfrage 2.12.10, Viele Deutsche haben Angst vor dem Islam, epd 2.12.10
F7 Muslime sind die besseren Patrioten, Süddeutsche 7.5.09
F8 Die Mitte in der Krise, Rechtsextreme Einstellungen in Deutschland 2010, Friedrich-Ebert-Stiftung 2011
F9 An wie vielen Morden trägt der rechte Terror schuld? Tagesspiegel 20.11.11, http://service.tagesspiegel.de/opfer-rechter-gewalt; www.antonio-amadeu-stiftung.de; Die Braune Armee Fraktion, Spiegel-Titel 46/11
F10 Alle Fälle bei Gerhard Piper, Moscheeanschläge – schleichende Kristallnacht, heise-online.de, 10.9.11
F11 Touristen im Nordosten von NPD-Plakaten irritiert, dpa 2.9.11
F12 Bundesministerium des Inneren (Hg), Muslime in Deutschland, 2007, S.140, 492
F13 Bundesministerium des Inneren, aaO, S.201ff.

F14 Sachverständigenrat deutscher Stiftungen für Integration und Migration, Jahresgutachten 2010, S.107ff.; Sarrazin-Dossier der Humboldt-Universität Berlin, S.18, www.heymat.hu-berlin.de/sarrazin-dossier-news;
Anna Reimann, Forscher geben Sarrazin Mitschuld an Abwanderung, Spiegel Online 13.4.11

F15 Allensbach-Umfrage: Mehrheit der Deutschen halten Muslime für Last, Financial Times Deutschland 16.12.10; Tobias Kniebe, Wer hat Angst vorm fremden Mann, Thilo Sarrazin und seine Leser, Süddeutsche 8.1.11

F16 Statistisches Bundesamt, Mikrozensus 2009

F17 Yassin Musharbash, Das millionenschwere Netz der Muslim-Gegner, Spiegel Online 2.9.11; Weltwoche 19/2010

F18 John L. Esposito and Dalia Mogahed, Who Speaks for Islam? What a Billion Muslims Really Think, New York 2007; Edgar Auth, Wovon Moslems träumen, FR-Online 28.2.08

F19 Behzad Yaghmaian, Angst in der Festung Europa, Welt-Sichten 5/11; Flüchtlingsrat Niedersachsen, Griechenland: Flüchtlinge werden Opfer von Misshandlungen und Rechtlosigkeit, www.nds-fluerat.org, 30.10.07; Fortress Europe, http://fortresseurope.blogspot.com, 2.6.08; Fabrizio Gatti, Bilal. Als Illegaler auf dem Weg nach Europa, Reinbek 2011

F20 Christoph B. Schiltz, EU erwartet 100.000 Zuwanderer nach Deutschland, Welt 15.4.11

F21 www.heroes-net.de

F22 www.stadtteilmuetter.de

F23 www.mentor-leselernhelfer.de, www.lesen-in-deutschland.de

F24 www.regenbogen-grundschule.de

F25 www.lernhaus-berlin.de

F26 www.schule-ohne-rassismus.org

F27 Clemens Riha, Das Dorf der Zukunft, 3sat Kulturzeit 23.2.10; www.fernsehen.de, 7.7.11

G—7 DEMOKRATIEBESCHISS – DEMOKRATIE UND MEDIEN

G1 Pressemappe Reader's Digest, www.presseportal.de, 29.12.10

G2 Datenreport 2011, aaO, S.365f.

G3 www.laenderdaten.de/indizes/demokratieindex.aspx

G4 Johannes Korge, Bürger drängen an die Macht, Spiegel Online 13.6.11

G5 Datenreport 2011, aaO, S.360, 362, 371ff.

G6 www.wdr.de/tv/monitor/dossiers/lobbyismus.php5

G7 Greenpeace, Die dunkle Seite des Volkswagen-Konzerns, 2011, www.greenpeace.de

G8 Menschenrechtsreport von amnesty international 2010, www.amnesty.de

G9 http://lobbypedia.de/index.php/Lobbyregister_EU; www.lobbycontrol.de, www.abgeordnetenwatch.de

G10 www.laenderdaten.de/indizes/cpi.aspx; http://transparency.de

G11 Steuermilliarden – wie sich die Banker in Brüssel die Regeln selber machen, Monitor 25.8.11

G12 Drehtür-Beispiele auf: http://lobbypedia.de/index.php/Portal_Seitenwechsel und bei Greenpeace, aaO

G13 dpa 8.8.11

G14 Annie Leonard, The Story of Stuff, Berlin 2011, S.267f. Richard Layard, London 2006, Happiness, S.89

G15 Sendung »Scobel«, 3sat 1.9.11; Ulrich Clauß, Wie das Internet zum Klimakiller wird, Welt 25.5.11

G16 »Auf Facebook entscheidet immer der Algorithmus«, Interview mit Max Schrems, Deutschlandradio 30.9.11; Christian Stöcker, Facebook will Lebensarchiv werden, Spiegel Online 22.9.11; Chaos Computer Club warnt vor der Datenkrake, derstandard.at, 6.4.10

G17 www.c2d.ch; www.mehr-demokratie.de

G18 http://direkte-demokratie.de

H—8 NATURBESCHISS – NATUR | ROHSTOFFE | KONSUM

H1 www.fairfuture.net

H2 Global Footprint Network 2011; www.footprint-deutschland.de

H3 www.earthpolicy.org 2004, www.iucnredlist.org; Nie gesehen – und schon ausgestorben, Spiegel Online 24.8.11

H4 Johan Rockström et al., A safe operating space for humanity, www.nature.com, 24.9.09

H5 www.umweltbundesamt.de, Forschungsbericht 202 33 308

H6 Hans-Peter Schmidt, Vortrag August 2011,www.delinat-institut.org/seminare-events.html; James N. Galloway et al., Transformation of the Nitrogen Circle, www.science-mag.org, 16.5.08; Rockström, aaO; www.nine-esf.org/ENA

H7 www.oekosystem-erde.de

H8 Jessel, aaO, S.11; Bund Naturschutz in Bayern, www.bn-grasbrunn.de

H9 Jessel, aaO, S.12

H10 Jessel, aaO, S.13

H11 WWF; Global Environmental Outlook 4, aaO, S.4

H12 www.teebweb.org; Leonard, aaO, S.44

H13 Umweltbundesamt, Schwerpunkte 2011, S.16

H14 Leonard, aaO, S.76, www.globalwitness.org

H15 Umweltbundesamt, aaO; eigene Umrechnung

H16 www.evb.ch; Michael Soukup, Blutsauger der Dritten Welt, Spiegel Online 24.9.11

H17 Hermann Scheer, Der energethische Imperativ, München 2010, S.256; Claudia Kemfert, Die andere Klima-

Zukunft, Hamburg 2008, S.72f.

H18 Umweltbundesamt, Schwerpunkte 2011, S.25; Leonard, aaO, S.99,153f.; www.ourstolenfuture.org, www.ewg.org/reports/mothersmilk

H19 www.worstpolluted.org, Report von 2010

H20 Daniel Hertwig, Gefährlicher Abfall aus Tüten, taz 15.6.11; Leonard, aaO, S.299

H21 Patrick Illinger, Der Plastik-Planet; ders., Stöpsel, Tüten, Badeenten, beide Süddeutsche 14.5.11

H22 Leonard, aaO, S.101ff.

H23 www.worldwatch.org/node/810

H24 Christian Schwägerl, Experten halten 100 Prozent Recycling für möglich, Spiegel Online 1.6.11

H25 Cosima Dannoritzer, Kaufen für die Müllhalde, arte 15.2.11; Leonard, aaO, S.258f.

H26 Dannoritzer, aaO.; Leonard, aaO, S.120, 306f.; Axel Bojanowski, Europas Gift verseucht Spielplätze in Afrika, Spiegel Online 30.10.11

H27 Umweltbundesamt, Presseinformation 32/2010; eigene Umrechnung

H28 www.iea.org; Ingo Arzt, Fast eine halbe Billion, taz 5.10.11.; Norman Myers, Perverse Subsidies, Island Press 2001

H29 Hans-Peter Schmidt, Ithaka-Journal, 1/11, www.ithaka-journal.net

H30 Umwelt aktuell, Juni 2008; Metastudie von Andrew Balmford, in: Jessel, aaO, S.13

H31 www.berlin-summt.de

H32 Leonard, aaO, S.8,11,343; Umweltbundesamt, Schwerpunkte 2011, S.17

H33 Leonard, aaO, S.349ff.

H34 www.umweltbundesamt.de, Forschungsbericht 202 33 308

I—9 KLIMABESCHISS – ENERGIE UND KLIMAWANDEL

I1 Stiftung Brandenburger Tor (Hrg.), Energie gleich Arbeit, Ausstellungskatalog, Berlin 2010, S.37

I2 www.iea.org; Treibhausgas-Ausstoß steigt schneller als je zuvor, Spiegel Online 30.5.11; CO_2-Ausstoß steigt auch in der Flaute, Spiegel Online 5.12.11

I3 www.ncdc.noaa.gov/bams-state-of-the-climate/2010.php; Vierter Bericht des Weltklimarats IPCC, www.lpb-bw.de/ipcc.html

I4 www.hm-treasury.gov.uk/stern_review_report.htm

I5 Treibhausgas-Ausstoß steigt schneller als je zuvor, Spiegel Online 30.5.11

I6 Vierter Bericht Weltklimarat, aaO; Nina Netzer, Ein weltweiter Green New Deal, Friedrich-Ebert-Stiftung, Mai 2011; Leonard, aaO, S.282

I7 Edgar Hertwich, Glen Peters, Carbon Footprint of Nations, Environmental Science and Technology 12.5.09

I8 Peter Hauff, Ökostrom über alles? E+Z, Jg.52, 2011, www.dandc.eu/articles/195645/index.de.shtml

I9 Kurzfassung Weltagrarbericht, aaO, S.26; Global Environmental Outlook 4, aaO, S.11

I10 Ulrich Clauß, Wie das Internet zum Klimakiller wird, Welt 25.5.11

I11 Google verbraucht Strom für eine ganze Stadt, Süddeutsche 9.9.11; Annette Jensen, Grüne Inseln im Internet, taz 30.5.09

I12 http://100-gute-gruende.de/index.xhtml

I13 www.zukunftslobby.de/Tascheles/prognstu.html

I14 Greenpeace Magazin, 5/08

I15 Bernhard Clasen, Atomerbe bedroht Russland, taz 14.6.11

I16 Jessel, aaO, S.112

I17 www.100-ee.de, www.unendlich-viel-energie.de

I18 www.unendlich-viel-energie.de/de/startseite/detailansicht/article/19/umfrage-buerger-befuerworten-energiewende-und-sind-bereit-die-kosten-dafuer-zu-tragen.html

I19 www.erneuerbare-energien.de; www.worldfuturecouncil.org

I20 www.unendlich-viel-energie.de; www.e-control.at; Fraunhofer-Institut für solare Energiesysteme, Stromgestehungskosten Erneuerbare Energien, www.ise.fraunhofer.de, Dez. 2010; www.rolfdisch.de

I21 Hannah Samland, Windgas soll Ökostromverlust aufhalten, www.greenpeace.de, 30.9.11; Ingo Arzt, Wie man Sonne und Wind festhält, taz 18.8.11

I22 Helmut Kaschenz, Stromsparen – weniger Kosten, weniger Kraftwerke, weniger CO_2, Umweltbundesamt 2007

I23 Angaben nach Spiegel Online 1.4.11

I24 www.sma.de; Studie des Fraunhofer-Instituts für Windenergie und Energiesysteme, zitiert in Sonne Wind&Wärme, 13/2010, S.16; Scheer, aaO, S.47

I25 Scheer, aaO, S.191; Thomas Lähns, Solaranlage soll Lärmschutz verbessern, Tagesspiegel 1.8.11

I26 Astrid Freyeisen, Chinas grüne Zukunft, Deutschlandradio 25.8.11; Jürgen Webermann, Grüne Aufbruchstimmung, Deutschlandradio 25.8.11

I27 www.roadmap2050.eu

I28 Hans-Peter Schmidt, Bäume pflanzen Leben, in: Hrg. Ines Pohl, 50 einfache Dinge, die Sie tun können, um die Gesellschaft zu verändern, Frankfurt a.M. 2011, S.100

I29 Global Environmental Outlook 4, aaO, S.29; Hans-Peter Schmidt, Pestizidsteuer, Fleischsteuer, Rohstoffsteuer, Ithaka-Journal 30.4.11; »Importierte Güter würden auch einer CO_2-Steuer unterworfen«, Interview mit Gabriel Felbermayr, Deutschlandfunk 15.11.11; Dorothea Hahn, Höhenflüge für Aidskranke, taz 30.5.09

I30 IPCC Special Report on Renewable Energy Sources and Climate Change Mitigation 5.5.11, www.bmbf.de/pubRD/SRREN_FD_SPM_final.pdf
I31 Hans-Peter Schmidt, Pflanzenwachstum ohne Wirtschaftswachstum, www.ithaka-journal.net, Ausgabe 1/11; Albert Bates, The Biochar Solution – Carbon Farming and Climate Change, S.157, New Society Publishers 2010; Rattan Lal, Sequestering Carbon in Soils of Agri-Ecosystems, Food Policy 36/2011, S.33ff.

J—10 VERKEHRSBESCHISS – ÖL UND MOBILITÄT

J1 Jessel, aaO, S.110
J2 Zentrum für Transformation der Bundeswehr, Peak-Oil, 2010, S.5ff.; Scheer, aaO, S.208
J3 »Diktatur des Jetzt«, Interview mit Hans Joachim Schellnhuber, Spiegel 12/11
J4 Milton Copulos, The Hidden Cost of Oil, www.ndcf.org
J5 Fortune Global 500 Ranking 2010
J6 »abgefackelt«, arte-Dokumentation 28.6.11
J7 Leonard, aaO, S.182; Maris Hubschmid, Ganz globaler Wahnsinn, Tagesspiegel 4.9.11
J8 Annette Jensen, Wir steigern das Bruttosozialglück, Freiburg 2011, S.86
J9 Hubschmid, aaO
J10 Schätzung des Statistischen Bundesamtes Ende 2011
J11 fairkehr 1/11
J12 Lars Klaassen, Der richtige Mix macht's, taz 15.10.11
J13 www.vcd.org/car_sharing.html
J14 Umweltbundesamt, Schwerpunkte 2011, S.20
J15 http://oica.net; Statistisches Bundesamt 2011
J16 Jensen, Bruttosozialglück, S.91
J17 Jensen, Bruttosozialglück, S.92; Bundesministerium für Verkehr, Verkehr in Zahlen 2010/2011
J18 Hermann Knoflacher, Landschaft ohne Autobahnen, Wien 1997, S.55; Umwelt- und Prognoseinstitut Heidelberg, UPI-Bericht Nr.23, Heidelberg 1993
J19 Gottfried Ilgmann, Bahnreform: Ziel verfehlt, Bahn-Report 3/03; neue Daten ebenfalls von Ilgmann
J20 Kurzfassung Weltagrarbericht, aaO., S.24; Steffen Bukold, Öl im 21. Jahrhundert, Band 2, S.17
J21 Forum Öko-Soziale Marktwirtschaft, www.foes.de; Susanne Opalka, Sascha Adamek, Teure E-Autos als Steuersparmodell, »Kontraste« vom 9.6.11
J22 Scheer, aaO, S.117
J23 Umweltbundesamt, Schwerpunkte 2011, S.26
J24 Niko Paech, Rettet die Welt vor den Weltrettern, Süddeutsche 7.6.11
J25 genanet-Kurzinformationen 4 und 5, www.genanet.de
J26 »Die Konferenz in Durban ist in einer Sackgasse«, Interview mit Ottmar Edenhofer, Deutschlandradio 2.12.11
J27 www.umweltbundesamt.de, Studie »Umweltbewusstsein und Umweltverhalten« von 2006
J28 Dirk Asendorpf, Ein Sack Weizen bis Hannover, Zeit 11.3.11
J29 Stefan Gössling, Tourismus, Entwicklung, Klima, taz 21.2.09
J30 www.foes.de/pdf/Nachhaltig-aus-der-Krise.pdf, 2010
J31 Das Blech des Stärkeren, Spiegel-Titel 37/11; Karen Grass, Ohne Lappen geht's doch auch, taz 11.10.11
J32 »Auto, Bohrer, Kleingarten: Was würden Sie höchstens mit der Familie teilen?«, Umfrage in Chrismon 8/11
J33 Bernd Müllender, Gratisfahren für alle, taz 30.5.09
J34 Solarflugzeug fliegt von der Schweiz nach Belgien, Spiegel Online 14.5.11
J35 Alem Grabovac, Der Mann, der glücklich macht, taz 15.10.11; Daniela Schröder, Comeback der Dorfläden, Spiegel Online 3.11.09; Bill McKibben, Deep Economy, New York 2007, S.128
J36 Helmut Martin-Jung, Sparen hart am Wind, Süddeutsche 24.1.08; Niclas Weisl, Segel für Containerschiffe, greenseconds.com, 31.8.11; www.skysails.info
J37 Peak-Oil, aaO, S.72f.

K—11 RÜSTUNGSBESCHISS – KRIEG UND FRIEDEN

K1 Global Peace Index 2011, www.visionofhumanity.org/info-center/global-peace-index-2011
K2 Global Peace Index 2011, aaO
K3 SIPRI Yearbook 2011, Deutsche Kurzfassung
K4 www.earth.columbia.edu/articles/view/2842
K5 Joshua S. Goldstein, Think Again – War, Foreign Policy, Sept/Oct 11
K6 SIPRI, aaO
K7 SIPRI, aaO; You get what you pay for, Women´s International League for Peace and Freedom, www.wilpfinternational.org
K8 UN Regular Budget 2011, www.un.org
K9 SIPRI, aaO
K10 Amnesty prangert deutsche Waffenexporte an, Spiegel Online 19.10.11; Staatsanwaltschaft ermittelt gegen Heckler & Koch, Spiegel Online 23.10.11
K11 Jürgen Grässlin, Der Tod ist ein Meister aus Oberndorf, www.juergengraesslin.com, 6.3.09
K12 SIPRI, aaO

K13 Spiegel 36/11, S.73, www.bicc.de
K14 SIPRI, aaO
K15 Anna Lehmann, Forschen für die Bundeswehr, taz 16.6.11
K16 www.unicef.de; Ausstellung »Kleinwaffen – eine weltweite Bedrohung« 2004 im Bundestag
K17 http://news.brown.edu/pressreleases/2011/06/warcosts
K18 Zahlen nach Reinhard Mutz, früherer Direktor des Instituts für Friedensforschung und Sicherheitspolitik Hamburg, Was lief schief?, taz 20.1.11
K19 dpa 3.10.11; eigene Umrechnung
K20 Deutsche Welle, 3.7.11
K21 WILPF, You get what you pay for, deutsche Fassung
K22 Ulrich Trebbin, Abkommandiert, dann ausrangiert, Deutschlandfunk 5.5.11
K23 latimes.com vom 19.08.2011
K24 US-Armee zahlt 20 Milliarden Dollar für Klimaanlagen, Spiegel Online 27.6.11
K25 Bert Hoffmann, Staat ohne Armee, taz 30.5.09
K26 Joshua S. Goldstein, aaO
K27 Andreas Zumach, Militär bald weltweit abgeschafft, taz 30.5.09
K28 www.konfliktbearbeitung.net, www.ziviler-friedensdienst.org
K29 www.pbideutschland.de
K30 www.visionews.net
K31 Erica Chenoweth, Think Again: Nonviolent Resistance, Foreign Policy 24.8.11
K32 Wenig Zulauf zur Truppe, Süddeutsche 23.4.11

L—12 GLÜCKSBESCHISS – GLÜCK UND UNGLÜCK

L1 Datenreport 2011, aaO, S.378ff.
L2 Bund für Umwelt und Naturschutz et.al., Zukunftsfähiges Deutschland in einer globalisierten Welt, Frankfurt a.M. 2008, S.112; Leonard, aaO, S.242
L3 www.gluecksatlas.de
L4 www.stiftungfuerzukunftsfragen.de, 15.8.11; www.eurofound.europa.eu
L5 Kate Pickett, Richard Wilkinson, Gleichheit ist Glück, Berlin 2009
L6 Pickett, aaO, S.68ff.
L7 Pickett, aaO, S.100f.; Datenreport 2011, aaO, S.247
L8 Pickett, aaO, S.20,48,53,83
L9 Menschen in reichen Ländern leiden häufiger an Depressionen, Spiegel Online 26.7.11
L10 www.facebookbiz.de, 16.12.10
L11 Pickett, aaO, S.12,109,112ff.,123
L12 »Das Geld macht uns einsam«, Interview mit Aldo Haesler, Zeit 18.8.11; Shankar Vedantam, Social Isolation Growing in US, Washington Post 23.6.06; Leonard, aaO, S.253
L13 Gallup World Poll, www.forbes.com, 7.12.11
L14 Tim Jackson, Wohlstand ohne Wachstum, Berlin 2011, S.59; Richard Layard, Die glückliche Gesellschaft, Frankfurt a.M., 2005
L15 Christian Weber, Irgendwann ist es genug, Süddeutsche 14.12.10
L16 Pickett, aaO, S.74,211,234
L17 New Economics Foundation, www.happyplanetindex.org, 2010
L18 Welt in Zahlen, aaO, S.266
L19 Sascha Zastiral, Die Vermesser des Glücks, taz 5.12.09
L20 Susanne Mayer, Im Land der weiblichen Männer, Zeit 19.5.05; Björn Schwentker, Der Ernährer hat ausgedient, Zeit 29.6.06
L21 Jessel, aaO, S.51f.
L22 www.solidarische-oekonomie.de; www.gemeingueter.de
L23 Layard, aaO, S.29–35,74
L24 Welt in Zahlen, aaO, S.265

sieht die Realität
nicht
anders
aus?
aber
nein